NOUVEAU GUIDE

DE LA CONVERSATION

FRANÇAIS-GREC MODERNE

OU DIALOGUES USUELS ET FAMILIERS

A l'usage des Voyageurs et des Étudiants;

CONTENANT:

Un Traité de prononciation, un Vocabulaire des mots usuels appliqués
aux conjugaisons;
Des Dialogues sur différents sujets, sur les Chemins de fer, les Bateaux à
vapeur, etc., un Recueil d'expressions familières,
d'idiotismes & de proverbes,
un Tableau des Monnaies, Poids & Mesures;

PAR

A. M. P. LAASS D'AGUEN,

Membre de l'Université de France et de la Société Asiatique
de Paris.

❦

PARIS,

MAISONNEUVE ET COMP.,

Successeurs de Th. BARROIS,
LIBRAIRES-ÉDITEURS POUR LES LANGUES ORIENTALES
ET EUROPÉENNES,
15, quai Voltaire.

1859

6698

NOUVEAU GUIDE

DE LA CONVERSATION

FRANÇAIS GREC MODERNE.

ΝΕΟΣ ΟΔΗΓΟΣ

τῆς Συναναστροφῆς

εἰς Γαλλικὴν καὶ Νεοελληνικὴν διάλεκτον.

ΝΕΟΣ ΟΔΗΓΟΣ

τῆς Συναναστροφῆς

ΕΙΣ ΓΑΛΛΙΚΗΝ ΚΑΙ ΝΕΟΕΛΛΗΝΙΚΗΝ ΔΙΑΛΕΚΤΟΝ

πρὸς χρῆσιν

τῶν Περιηγητῶν καὶ τῶν Σπουδαζόντων

περιέχων

Πραγματείαν περὶ προφορᾶς, Ὀνομαστικὸν τῶν συνήθων λέξεων
ἐφηρμοσμένων εἰς τὰς συζυγίας τῶν ῥημάτων·
Διαλόγους περὶ διαφόρων ὑποθέσεων, οἷον περὶ σιδηροδρόμων,
περὶ ἀτμοπλοίων, κτλ.,
Συλλογὴν οἰκιακῶν φράσεων, ἰδιωτισμῶν, καὶ παροιμιῶν,
καὶ πίνακα τῶν νομισμάτων, σταθμῶν καὶ μέτρων·

παρὰ

Α. Μ. Π. ΛΑΑΣΣΟΥ ΤΟΥ ΑΓΓΕΝΟΥ,

μέλους τοῦ γαλλικοῦ Πανεπιστημίου
καὶ τῆς ἐν Παρισίοις Ἀσιατικῆς ἑταιρίας.

ΕΝ ΠΑΡΙΣΙΟΙΣ,

παρὰ

ΜΑΙΣΟΝΝΕΥΩ ΚΑΙ ΣΥΝΤΡ., ΒΙΒΛΙΟΠΩΛΑΙΣ ΚΑΙ ΕΚΔΟΤΑΙΣ
συγγραμμάτων εἰς ἀνατολικὰς καὶ ἄλλας ξένας γλώσσας
συντεταγμένων, quai Voltaire, 15.

—

1859

NOUVEAU GUIDE

DE LA CONVERSATION

FRANÇAIS GREC MODERNE

OU DIALOGUES USUELS ET FAMILIERS

A l'usage des Voyageurs et des Étudiants;

CONTENANT :

Un Traité de prononciation, un Vocabulaire des mots usuels appliqués
aux conjugaisons,
des Dialogues sur différents sujets, sur les Chemins de fer, les Bateaux à
vapeur, etc., un Recueil d'expressions familières,
d'idiotismes & de proverbes,
un Tableau des Monnaies, Poids & Mesures ;

PAR

A. M. P. LAASS D'AGUEN,

Membre de l'Université de France et de la Société Asiatique
de Paris.

———◆———

PARIS,

MAISONNEUVE ET COMP.,

Successeurs de Th. BARROIS,

LIBRAIRES-ÉDITEURS POUR LES LANGUES ORIENTALES
ET EUROPÉENNES,
18, quai Voltaire.

———

1859

IMPRIMERIE DE NICOLAS, A MEULAN.

TRAITÉ

DE PRONONCIATION GRECQUE.

ALPHABET.

A, α	ἄλφα.	alpha.
B, β, 6.	βῆτα.	vita.
Γ, γ	γάμμα.	gamma.
Δ, δ	δέλτα.	dhelta.
E, ε	ἐψιλόν.	epsilonn.
Z, ζ	ζῆτα.	zita.
H, η	ἦτα.	ita.
Θ, θ	θῆτα.	thita.
I, ι	ἰῶτα.	iota.
K, χ	κάππα.	kappa.
Λ, λ	λάμϐδα.	lambdha.
M, μ	μῦ.	my.
N, ν	νῦ.	lny.
Ξ, ξ	ξῖ.	xi.
O, ο	ὄμιχρόν.	omicronn.
Π, π	πῖ.	pi.
P, ρ	ρῶ.	rô.
Σ, σ, ς	σῖγμα.	sigma.
T, τ	ταῦ.	taf.
Υ, υ	ὑψιλόν.	hypsilonn.
Φ, φ	φῖ.	phi.
X, χ	χῖ.	khi.
	ὀμέγα	oméga

...le français ...
l'autre : « L'expiration se fait ...le haut de la lan...

1° A, α, nommé ἄλφα, *alpha,* se prononce comme notre *a* dans *parure.*

2° B, β, 6, βῆτα, *vita,* comme notre *v.*

3° Γ, γ, γάμμα, *gamma,* dans certains cas, comme notre *g* dans *Gaspard;* dans d'autres cas, d'une manière étrangère à la prononciation française et qui tient le milieu entre celle du *g* dans *guerrier* et de l'*y* dans *yeux.* C'est un son qui se trouve dans le patois de nos paysans, à qui on fait dire dans les comédies de Molière : *qu'ien a pas,* pour *il n'y en a pas.*

4° Δ, δ, δέλτα, *delta,* n'a pas de son correspondant en français. Cette lettre, que les anciens appelaient demi-aspirée, ἡμιδασεῖα, est un *d* avec une très-légère aspiration. Ce n'est pas le *th* anglais, mais le *d* à la fin de certains mots espagnols, tels que *Madrid.* Seulement, en grec, il ne se trouve pas à la fin des mots.

5° E, ε, ἐψιλὸν, *epsilon,* se prononce comme notre *e* et notre *ai* dans les mots *c'est fait,* comme on les prononce à Paris, et non pas en allongeant, comme fait le peuple en Normandie.

6° Z, ζ, ζῆτα, *zita,* comme notre *z.*

7° H, η, ῆτα, *ita,* comme notre *i.*

8° Θ, θ, θῆτα, *thita,* n'a pas de son correspondant en français : c'est à peu près le *th* anglais. Le son de cette lettre a beaucoup de rapport avec celui du δ. Voici la règle de prononciation que M. David donne pour l'une et l'autre : « L'expiration se fait sur le bout de la langue qu'on avance entre les dents, en la rapprochant de la rangée supérieure. Elle doit être très-faible quand on prononce le δ ; mais pour le θ, il faut pousser l'air au dehors avec quelque force et dans toute la largeur de la langue. »

9° I, ι, ἰῶτα, *iota*, comme notre *i*.

10° K, κ, κάππα, *kappa*, comme notre *k*.

11° Λ, λ, λάμβδα, *lambda*, comme notre *l*.

12° M, μ, μῦ, *my*, comme notre *m*.

13° N, ν, νῦ, *ny*, comme notre *n*.

14° Ξ, ξ, ξῖ, *xi*, toujours comme notre *x* dans *Alexandre*, mais jamais comme dans *exemple*.

15° O, ο, ὄμικρὸν, *omicron*, comme notre *o* dans *port*, *bosse*.

16° Π, π, πῖ, *pi*, comme notre *p*.

17° P, ρ, ῥῶ, *rho*, comme notre *r*.

18° Σ, σ, ς, σῖγμὰ, *sigma*, toujours, même entre deux voyelles, comme notre *s* sifflante dans *sage*, *enseigne*, jamais comme dans *usage*.

19° T, τ, ταῦ, *taf*, comme notre *t* dans *moitié*, *tyran*; car il ne prend jamais le son de l's, comme notre *t* dans *portion*.

20° Υ, υ, ὑψιλὸν, *ypsilon*, comme notre *i* ou *y*.

21° Φ, φ, φῖ, *phi*, comme notre *f* ou *ph*.

22° X, χ, χῖ, *chi*, n'a pas de son correspondant en français. C'est le *ch* allemand, c'est-à-dire un *k* avec une forte aspiration. Quoiqu'il ne ressemble pas tant au γ que le θ ressemble au δ, il y a pourtant les mêmes rapports dans les mouvements à effectuer pour les prononcer. « On plie la langue en la retirant, dit M. David ; on en rapproche la base du fond du palais, et l'on fait glisser l'air au dehors par le petit espace qui reste entre celui-ci et la langue ; doucement, si l'on veut prononcer un γ, de manière qu'il en résulte un son semblable à celui du *g* des Allemands adouci ; mais pour prononcer un χ, on chassera l'air fortement. Cette lettre s'articule absolument comme le *ch* allemand, dans les pays où l'on parle bien cette langue. »

23° **Ψ**, ψ, ψῖ, ***psi,*** est un *p* suivi d'une *s*, comme dans *psaume.*

24° **Ω**, ω, ὠμέγα, ***oméga,*** comme l'*omicron.*

On voit d'après cela que, sur ces vingt-quatre lettres, vingt, savoir : α, 6, ε, ζ, η, ι, x, λ, μ, ν, ξ, ο, π, ρ, σ, τ, υ, φ, ψ et ω correspondent exactement à des sons existant en français ; trois, δ, θ, χ, n'ont pas d'équivalent dans notre langue, et le γ, selon les cas, se range avec les unes ou les autres.

———

Les voyelles, ou lettres que l'on peut prononcer seules sans le secours d'autres lettres, sont : α, ε, η, ι, ο, υ, ω. Elles se réunissent deux à deux pour former huit sons (ou plutôt sept, car deux de ces assemblages ont le même), savoir : αι, αυ, ει, ευ, ηυ, οι, ου, υι, dont le dernier seulement mérite le nom de diphthongue, qui signifie double son-voyelle, les précédentes ne formant qu'un seul son, soit voyelle, soit joint à une consonne.

αι a exactement la même prononciation que la voyelle ε. Ex.: αἰτία, *cause*, prononcez *étia*, en conservant le son du *t*.

αυ, ευ, ηυ se prononcent comme en français *af, ef, if*, ou *av, ev, iv*. Dans ces diphthongues, l'υ prend le son de l'*f* ou du *v*, selon la lettre qui suit : il a celui de 6 ou de notre *v* devant toutes les voyelles : εὐαγγέλιον, *bonne nouvelle* (évanghghélionn); εὐειδής, *beau* (évidiss); εὐήθης, *bon* (évithiss); εὐίατος, *facile à guérir* (éviatoss) ; καλὸν κατευόδιον, *bon voyage* (calonn catévocionn); εὐωδία, *bonne odeur* (évodïa); εὔυδρος, *abondant en eaux* (évidross) ; et parmi les consonnes devant les trois douces 6, γ, δ, devant ζ, et les liquides λ, μ, ν, ρ : εὔβουλος, *sage* (evvouloss); αὐγὸ, *œuf* (avgo) ; εὐδαιμονία, *bonheur* (evdémonïa) ; εὔζωνος, *agile* (evzonoss) ; εὐλαβής, *pieux* (evlaviss) ; εὐμάθεια, *facilité à apprendre* (evmathïa) ; εὔνοια, *bienveillance* (evnïa); ηὗρα, *j'ai trouvé* (ivra). Il a le son de φ ou de notre *f* devant les neuf autres consonnes, savoir : devant les trois tenues x, π, τ, les trois aspirées χ, φ, θ, les deux doubles ψ, ξ, et la sifflante ς : εὐκατάληπτος, *facile à comprendre* (efcataliptoss); εὐπαθής, *sensible, délicat* (efpathiss); αὐτὸς, *lui* (aftoss) ; εὐχὴ, *vœu* (efkhi); εὐφήμει, *paix ! silence !*

(effimi) ; εὐθὺς, *tout de suite* (efthiss) ; εὔψυχος, *qui a du cœur* (efpsikhoss) ; εὔξεινος, *hospitalier* (efxinoss) ; εὐσεϐὴς. *pieux* (efséviss).

ει, οι, comme la simple voyelle *i*; ex.: τρεῖς, *trois* (triss); αὐτοὶ, *eux* (afti).

ου comme en français *ou;* ex.: ἡ βουλὴ, *le sénat* (i vouli).

υι enfin équivaut à deux *i,* et se prononce comme aujourd'hui notre *i* dans *hier,* car du temps de Louis XIV ce mot n'avait qu'une syllabe : υἱός, *fils* (hioss).

L'on peut donc compter dans la langue grecque douze sons-voyelles, savoir : les sept voyelles et les cinq diphthongues αι, ει, οι, ου, υι. Sur ces douze sons, il y en a six en *i,* savoir : η, ι, υ, ει, οι, υι, deux en *e.* ε et αι, et deux en *o,* ο et ω.

Les voyelles peuvent quelquefois se trouver réunies de manière à former ces assemblages appelés diphthongues, et pourtant compter chacune pour une syllabe, en conservant la valeur qui leur est assignée dans l'alphabet, ce qu'on indique par un tréma, comme en français. Ex.: πυρκαϊὰ, *incendie* (pircaïa).

———

Les consonnes, ou lettres qui, pour être prononcées, ont besoin d'être jointes aux voyelles, sont conformes. dans cette jonction, aux règles françaises, excepté :

1° Le γ joint à ε, ι, υ, a ce son mitoyen entre le *g* et l'*y* dont nous avons parlé, et que nous représenterons imparfaitement par *gh* : χαλόγερος (caloghéross), *un moine*. Les voyageurs, forcés de rendre ce son par une lettre française, se sont décidés pour l'*y*, et ont fait de là le mot *caloyer*.

2° Le μ et le ν, placés après les voyelles, ne donnent point, comme en français, les nouveaux sons-voyelles que l'on remarque dans *embrasser, non, enfant, pain*, mais conservent toujours leur son de consonnes, comme en français, dans *ami, rame, none, punir, amulette*, ce qui est régulier. Il est irrégulier au contraire de faire servir une consonne à la formation d'un son purement voyelle. Nous représenterons en lettres françaises le son senti du μ ou du ν par deux *m* ou deux *n*. Ex. : ἔμφασις, *emphase* (emmfaciss); τῶν φίλων, *des amis* (tonn filonn).

3° Une syllabe où il entre une ou plusieurs consonnes ne reste jamais sans en éprouver d'influence, comme cela arrive si souvent en français, par exemple dans les mots : des *lacs, pied, clef*, des *bœufs*, un *legs, outil*, mon *fils, drap, aimer, temps, repos, exempt*, il *fut, eux, faux, six soldats, nez, riz*. Nous indiquons donc par le redoublement de la consonne les sons exprimés qui ne le seraient pas en français. Ainsi nous représenterons la prononciation de αὐτοῖς, *à eux*, de cette manière, *aftiss*, parce que, si nous écrivions *aftis*, on pourrait lire le dernier son comme dans *avis*.

Dans la combinaison des consonnes entre elles, il faut remarquer que

1° Un γ suivi d'un autre, ou du κ, ou du χ, donne à la voyelle qui précède ce son qu'aurait en français la voyelle correspondante, suivie de l'*n*. Ainsi ἄγγελος, *ange*, se prononce *anghgheloss*, ces deux *gh* représentant le double γ, et *an* représentant ce son voyelle qui existe dans *pan;* ἄγχι, *près* (anghkhi).

2° Le κ, précédé du γ, prend le son du γ. Ex.: ἀγκα-λίζομαι, *j'embrasse* (anghgalizomé). Suivi du τ, il prend le son du χ: ὀκτώ, *huit*, κτένι, *peigne*, se prononcent comme s'ils étaient écrits ὀχτώ, χτένι, *okhto, khténi*.

3° Le π, précédé du μ ou du ν, prend le son de notre *b*. Ex.: πέμπω, *j'envoie* (pemmbo); ΄ς τὴν πόλιν, *dans la ville*, c'est-à-dire à *Constantinople*, ville par excellence (΄s tinn bolinn), d'où les Turcs avaient fait le mot *Stamboul*.

4° Le ν, suivi du τ, prend le son de notre *d :* πάντων, *de tous* (panndonn). Les Grecs modernes se servent de ces combinaisons pour exprimer dans les noms étrangers le *b* et le *d* qui manquent à leur alphabet. Ainsi, ils écriraient *Bayard*, Μπαϊάρ, *Descartes*, Ντεκάρτ.

5° Le redoublement d'une consonne n'en change pas la prononciation. Ex.: ἄλλος, *autre ;* prononcez *aloss.* La seule exception est le cas du double γ dont nous avons parlé.

Parmi les sons grecs étrangers à la prononciation française, le θ et le δ paraissent ceux que nous imitons le plus difficilement. Souvent on se contente de prononcer le premier comme une *s*, et le second comme un *d;* cependant c'est bien différent, et l'oreille d'un Grec doit en être aussi choquée, que nous le serions en lui entendant prononcer, par exemple, le son *eu* de *sœur* ou *heure*, qui n'existe pas dans sa langue, comme un *e*, en disant *sère* ou *hère*, ou un *ou* en disant *in pou* pour *un peu.*

On semble porté, en général, à croire que les instruments fournis par sa propre langue sont suffisants pour en parler toute autre. Cela peut être vrai pour les Russes, dont la langue semble réunir les sons de toutes les langues de l'Europe. Mais pour nous, c'est justement à acquérir ceux que nous ne possédons pas, qu'il faut donner toute notre attention.

DIALOGUES FAMILIERS.

ΣΥΝΗΘΕΙΣ ΔΙΑΛΟΓΟΙ.

Iʳᵉ PARTIE.	ΜΕΡΟΣ Ά.
—	—
VOCABULAIRE.	ΟΝΟΜΑΣΤΙΚΟΝ.
Donnez-moi	Δός μοι
— du pain.	— ψωμίον (ἄρτον).
— de la viande.	— κρέας.
— du vin.	— κρασίον (οἶνον).
— de la bière.	— μπίραν (ζύθον).
— du fruit.	— ὀπωρικά.
— des pommes.	— μῆλα.
— une poire.	— ἀπίδι (ἄπιον).
— une pêche.	— ῥοδάκινον.
— des cerises.	— κεράσια.
— des prunes.	— δαμάσκηνα.

1

— du raisin.	— σταφύλια (σταφυλήν).
— des amandes.	— ἀμύγδαλα.
— des framboises.	— σμέουρα (μόρα).
— des mûres.	— συκάμινα.
— une orange.	— πορτογάλι (χρυσόμη-λον).
— des fraises.	— φράουλα(χαμοκέρασα)
— un abricot.	— χαΐσί (βερύκοκκον).
— une figue.	— σύκον.
— des noix.	— καρύδια (κάρυα).
— des noisettes.	— φουντούκια (λεπτοκά-ρυα).
— des groseilles.	— φραγκοστάφυλα (ῥι-6ίσια).
— de l'eau.	— νέρον.
— une châtaigne.	— κάστανον.
— un citron.	— λεμόνιον.
— des nèfles.	— μέσπιλα.
— du bœuf.	— βωδινὸν (βόϊον) κρέας.
— du mouton.	— προβάτινον κρέας.
— du veau.	— ἀγελαδινόν κρέας.

—	du jambon.	—	χοιρομήριον.
—	du rôti.	—	ἐψητόν (ὀπτόν).
—	du bouilli.	—	βραστόν.

—

Le verbe AVOIR conjugué avec les noms ci-dessus.

Τὸ ῥῆμα ᾿EXEIN ἐν συζυγίᾳ μετὰ τῶν ἀνωτέρω ὀνομάτων.

J'ai du pain.	῎Εχω ψωμίον.
Tu as de la viande.	῎Εχεις κρέας.
Il a du vin.	῎Εχει κρασίον.
Nous avons de la bière.	῎Εχομεν ζύθον.
Vous avez du fruit.	῎Εχετε ὀπωρικὰ.
Ils ont des pommes.	῎Εχουσι μῆλα.
J'avais une poire.	Εἶχον ἀπίδι.
Tu avais une pêche.	Εἶχες ῥοδάκινον.
Il avait des cerises.	Εἶχε κεράσια.
Nous avions des prunes.	Εἴχομεν δαμάσκηνα.
Vous aviez du raisin.	Εἴχετε σταφύλια.
Ils avaient des amandes.	Εἶχον ἀμύγδαλα.
J'eus des framboises.	῎Ελαβα μόρα.
Tu eus des mûres.	῎Ελαβες συκάμινα.

Elle eut une orange.	Ἔλαβε πορτογάλι.
Nous eûmes des fraises.	Ἐλάβαμεν χαμοκέρασα.
Vous eûtes un abricot.	Ἐλάβετε βερύκοκκα.
Ils eurent des figues.	Ἔλαβαν σύκα.
J'aurai des noix.	Θέλω ἔχει καρύδια.
Tu auras des noisettes.	Θέλεις ἔχει λεπτοκάρυα.
Mon frère aura des groseilles.	Θέλει ἔχει ὁ ἀδελφός μου φραγκοστάφυλα.
Nous aurons des châtaignes.	Θέλομεν ἔχει κάστανα.
Vous aurez un citron.	Θέλετε ἔχει λεμόνιον.
Mes sœurs auront des nèfles.	Θέλουσιν ἔχει αἱ ἀδελφαί μου μέσπιλα.
J'aurais du bœuf.	Ἤθελα ἔχει βωδινόν κρέας.
Tu aurais du mouton.	Ἤθελες ἔχει προβάτινον κρέας.
Mon ami aurait du veau.	Ὁ φίλος μου ἤθελεν ἔχει ἀγελαδινόν κρέας.
Nous aurions du jambon.	Ἠθέλαμεν ἔχει χοιρομήριον.
Vous auriez du rôti.	Ἠθέλατε ἔχει ὀπτόν.
Ils auraient du bouilli.	Ἤθελαν ἔχει βραστόν.

VOCABULAIRE.	ΟΝΟΜΑΣΤΙΚΟΝ.
Apportez-moi	Φέρε μοι
— du pâté.	— κρεατόπητα (πλακοῦντα).
— du beurre.	— βούτυρον.
— du fromage.	— τυρίον.
— des œufs.	— αὐγά.
— du lait.	— γάλα.
— du café.	— καφφέ.
— du thé.	— τζάϊ (τέϋ).
— de la crème.	— καϊμάκη (ἀνθόγαλα).
— un gâteau.	— πῆταν.
— de la salade.	— σαλάταν(ὀξυφυλλάδαν)
— du sel.	— ἅλας.
— du poivre.	— πέπερι (πιπέρι).
— du vinaigre.	— ξύδι (ὄξος).
— de l'huile.	— λάδι (ἔλαιον).
— de la moutarde.	— μουστάρδα(μυττωτόν)
— du sucre.	— ζάχαρην (σάκχαρην).
— des épices.	— ἀρωματικά.

Qu'il ait du pâté.	Ἂς ἔχῃ πλακοῦντα.
Ayons du beurre.	Ἂς ἔχωμεν βούτυρον.
Ayez du fromage.	Ἂς ἔχητε τυρίον.
Qu'ils aient des œufs.	Ἂς ἔχουν αὐγά.
Que les enfants aient du lait.	Ἂς ἔχωσι τὰ παιδία γάλα.
Que j'aie du café.	Ἂς εἶχον καφφέ.
Que tu aies du thé.	Ἂς εἶχες τέϋ.
Que son cousin ait de la crème.	Ἂς εἶχεν ὁ ἐξάδελφός του ἀνθόγαλα.
Que nous ayons un gâteau.	Ἂς εἴχομεν πῆταν.
Que vous ayez de la salade.	Ἂς εἴχετε σαλάταν.
Qu'ils aient du sel.	Ἂς εἶχον ἅλας.
Que j'eusse du poivre.	Ἂς ἤθελα ἔχει πιπέρι.
Que tu eusses du vinaigre.	Ἂς ἤθελες ἔχει ξύδι.
Qu'il eût de l'huile.	Ἂς ἤτελεν ἔχει λάδι.
Que nous eussions de la moutarde.	Ἂς ἠθέλαμεν ἔχει μουστάρδαν.
Que vous eussiez du sucre.	Ἂς ἠθέλατε ἔχει ζάχαρην.
Qu'ils eussent des épices.	Ἂς ἤθελαν ἔχει ἀρωματικά.

VOCABULAIRE.	ΟΝΟΜΑΣΤΙΚΟΝ.
Un couteau.	Μαχαῖρι.
Une fourchette.	Πηροῦνι (περόνη).
Une cuiller.	Χουλιάρι (κοχλεάριον).
Un verre.	Ποτήριον.
Une serviette.	Πετσέτα (χειρόμαχτρον).
Une nappe.	Τραπεζομάνδυλον.
Une assiette.	Πινάκιον.
Un plat.	Πιάτον (τρυβλίον).
Un bassin.	Λεκάνη.
Une bouteille.	Βουκάλι (βαυκάλιον).
De l'or.	Χρυσίον.
De l'argent.	Ἀργύριον.
Du fer.	Σίδηρον.
De l'acier.	Τσελίκι (χάλυψ).
Du cuivre.	Χαλκός.
De l'airain.	Ὀρείχαλκος.
Du plomb.	Μόλυβδος.
De l'étain.	Καλάϊ (κασσίτερος).
Du papier.	Χαρτί (χάρτης).
Des plumes.	Κονδύλια (γραφίδες).

Un canif.	Μαχαιρίδιον (χονδυλομάχαι-ρον).
Un livre.	Βιβλίον.
De l'encre.	Μελάνη.
Une maison.	Σπίτι (οἶκος).
Une chambre.	Κάμαρα (θάλαμος).
Un château.	Ἔπαυλις (φρούριον).
Un jardin.	Κῆπος.
Une muraille.	Τοῖχος.
Des fleurs.	Ἄνθη.
Des arbres.	Δένδρα.

—   —

Le verbe AVOIR *conjugué interrogativement.*	Τὸ ῥῆμα ΕΧΕΙΝ ἐν συζυγίᾳ ἐρωτηματικῶς.
Ai-je un couteau?	Ἔχω μαχαῖρι;
As-tu une fourchette?	Ἔχεις πηροῦνι;
A-t-il une cuiller?	Ἔχει χουλιάρι;
Avons-nous des verres?	Ἔχομεν ποτήρια;
Avez-vous des serviettes?	Ἔχετε χειρόμακτρα;
Ont-ils une nappe?	Ἔχουσι τραπεζομάνδυλον;
Avais-je une assiette?	Εἶχον πινάκιον;

Avais-tu un plat ?	Εἶχες πιάτον ;
Avait-il un bassin ?	Εἶχε λεκάνην ;
Avions-nous une bouteille ?	Εἴχομεν βουκάλι ;
Aviez-vous de l'or ?	Εἴχετε χρυσίον ;
Avaient-ils de l'argent ?	Εἶχον ἀργύριον ;
Eus-je du fer ?	Ἔλαβα σίδηρον ;
Eus-tu de l'acier ?	Ἔλαβες χάλυβα ;
Eut-il du cuivre ?	Ἔλαβε ὀρείχαλκον ;
Eûmes-nous de l'airain ?	Ἐλάβαμεν μόλυβδον ;
Eûtes-vous du plomb ?	Ἐλάβετε χαλκόν ;
Eurent-ils de l'étain ?	Ἔλαβαν κασσίτερον ;
Aurai-je du papier ?	Θέλω ἔχει χαρτί ;
Auras-tu des plumes ?	Θέλεις ἔχει γραφίδας ;
Votre ami aura-t-il son canif ?	Θέλει ἔχει ὁ φίλος σου τὸ μα-χαιρίδιόν του ;
Aurons-nous des livres ?	Θέλομεν ἔχει βιβλία ;
Aurez-vous de l'encre ?	Θέλετε ἔχει μελάνην ;
Vos sœurs auront-elles une maison ?	Θέλουσιν ἔχει οἶκον αἱ ἀδελφαί σας ;
Aurais-je une chambre ?	Ἤθελον ἔχει θάλαμον ;
Aurais-tu un château ?	Ἤθελες ἔχει ἔπαυλιν ;

Aurait-elle un jardin ?	Ἤθελεν ἔχει κῆπον ;
Aurions-nous une muraille ?	Ἠθέλομεν ἔχει τοῖχον ;
Auriez-vous des fleurs ?	Ἠθέλετε ἔχει ἄνθη ;
Auraient-ils des arbres ?	Ἤθελον ἔχει δένδρα ;

—

VOCABULAIRE.	ΟΝΟΜΑΣΤΙΚΟΝ.
Un habit.	Ἔνδυμα.
Une veste.	Βέστα (χιτώνιον).
Des bas.	Κάλτσαι (περικνημίδες).
Des souliers.	Παπούτσια (πέδιλα).
Un chapeau.	Καπέλον (πῖλος).
Une chemise.	Ὑποκάμισον.
Du linge.	Ἀσπρόρουχα.
De la toile.	Πανί.
De la dentelle.	Δαντέλλα (τρίχαπτον).
Un mouchoir.	Μανδύλι.
Des boucles.	Ζγουρά (βόστρυχες).
Des gants.	Χειρόχτια (χειρίδες).
Un peigne.	Κτένι.
Une montre.	Ὡρολόγι.
Une tabatière.	Ταμβακιέρα (πηξίς).

Des bottes.	Ὑποδήματα.
Une table.	Τράπεζα.
Une chaise.	Καρέγλα (ἕδρα).
Un châle.	Σάλι.
Un fauteuil.	Καθέδρα.
Un carrosse.	Ἅμαξα.
Un lit.	Κραββάτι (κλίνη).
Du velours.	Βελοῦδον.
Du drap.	Τσόχα (ἐριοῦχον).
Une épée.	Ξίφος.
Un sabre.	Σπάθη.
Une épingle.	Καρφίτσα (καρφίς).
Un bonnet.	Σκούφια (πῖλος).
Une bourse.	Πουγγί (βαλάντιον).
Des lunettes.	Ματοϋάλια (δίοπτρα).
Un rasoir.	Ξυράφι (ξυρός).

—

Le verbe AVOIR *conjugué négativement.* — Τὸ ῥῆμα ΈΧΕΙΝ ἐν συζυγίᾳ ἀρνητικῶς.

Je n'ai point d'habit.	Δὲν ἔχω ἔνδυμα.
Tu n'as pas de veste.	Δὲν ἔχεις βέσταν.

Il n'a point de bas.	Δὲν ἔχει κάλτσας.
Nous n'avons pas de souliers.	Δὲν ἔχομεν παπούτσια.
Vous n'avez pas de chapeau.	Δὲν ἔχετε καπέλλον.
Ils n'ont pas de chemise.	Δὲν ἔχουσιν ὑποκάμισον.
Elles n'ont pas de chemise.	
Je n'avais pas de linge.	Δὲν εἶχον ἀσπρόρουχα.
Tu n'avais pas de toile.	Δὲν εἶχες πανί.
Elle n'avait point de dentelle.	Αὐτὴ δὲν εἶχε δαντέλλαν.
Nous n'avions point de mou-choirs.	Δὲν εἴχομεν μανδύλια.
Vous n'aviez point de bou-cles.	Δὲν εἴχετε ζγουρά.
Ils n'avaient pas de gants.	Δὲν εἶχον χειρόκτια.
Je n'eus pas de peigne.	Δὲν ἔλαβον κτένι.
Tu n'eus pas de montre.	Δὲν ἔλαβες ὡρολόγι.
Il n'eut point de tabatière.	Δὲν ἔλαβε ταμβακιέραν.
Nous n'eûmes point de bottes	Δὲν ἐλάβομεν ὑποδήματα.
Vous n'eûtes pas de table.	Δὲν ἐλάβετε τράπεζαν.
Ils n'eurent pas de chaises.	Δὲν ἔλαβον καρέγλας.
Elles n'eurent point de châ-les.	Δὲν ἔλαβον σάλια.

Je n'aurai pas de fauteuil.	Δὲν θέλω ἔχει καθέδραν.
Tu n'auras pas de carrosse.'	Δὲν θέλεις ἔχει ἅμαξαν.
Il n'aura pas de lit.	Δὲν θέλει ἔχει κραββάτι.
Nous n'aurons pas de ve-	Δὲν θέλομεν ἔχει βελοῦδον.
lours.	
Vous n'aurez pas de drap.	Δὲν θέλετε ἔχει τσόχαν.
Ils n'auront pas d'épée.	Δὲν θέλουν ἔχει ξίφος.
Je n'aurais pas de sabre.	Δὲν ἤθελον ἔχει σπάθην.
Tu n'aurais pas d'épingle.	Δὲν ἤθελες ἔχει καρφίτσαν.
Elle n'aurait pas de bonnet.	Αὐτὴ δὲν ἤθελεν ἔχει σκούφια.
Nous n'aurions pas de bourse	Δὲν ἠθέλομεν ἔχει πουγγί.
Vous n'auriez pas de lu-	Δὲν ἠθέλετε ἔχει ματοϋάλια.
nettes.	
Ils n'auraient pas de rasoirs.	Δὲν ἤθελον ἔχει ξυράφια.

VOCABULAIRE.	ΟΝΟΜΑΣΤΙΚΟΝ.
Une robe.	Φουστάνη (ἐσθής).
Une jupe.	Ἐσωφούστανον (κολόβιον).
Un tablier.	Ἐμπροσθέλα (περίζωμα).
De la laine.	Μαλλί (ἔριον).
De la soie.	Μετάξι.

Du coton.	Βαμβάκι (βάμβαξ).
Du fil.	Νῆμα.
Une aiguille.	Βελόνη.
Un dé.	Δακτυλήθρα (κύβος).
Des ciseaux.	Ψαλίδι (ψαλίς).
De la mousseline.	Μπασμᾶς (βαμβακηρόν).

———   ———

Que je n'aie pas de robe.	Εἴθε νὰ μὴν ἔχω φουστάνι.
Que tu n'aies pas de jupe.	Εἴθε νὰ μὴν ἔχῃς ἐσωφούστανον.
Qu'elle n'ait pas de tablier.	Εἴθε νὰ μὴν ἔχῃ ἐμπροσθέλαν.
Que nous n'ayions pas de laine.	Εἴθε νὰ μὴν ἔχωμεν μαλλί.
Que vous n'ayiez pas de soie.	Εἴθε νὰ μὴν ἔχητε μετάξι.
Qu'elles n'aient pas de coton.	Εἴθε νὰ μὴν ἔχωσι βαμβάκι.
Que je n'eusse pas de fil.	Εἴθε νὰ μὴν εἶχον νῆμα.
Que tu n'eusses pas d'aiguille.	Εἴθε νὰ μὴν εἶχες βελόνην.
Qu'elle n'eût pas de dé.	Εἴθε νὰ μὴν εἶχε δακτυλήθραν.
Que nous n'eussions pas de ciseaux.	Εἴθε νὰ μὴν εἴχομεν ψαλίδι.

Que vous n'eussiez pas de ruban.   Εἴθε νὰ μὴν εἴχετε κορδέλαν.

Qu'elles n'eussent pas de mousseline.   Εἴθε νὰ μὴν εἶχον μπασμᾶν.

VOCABULAIRE.	ΟΝΟΜΑΣΤΙΚΟΝ·
Un cheval.	Τὸ ἄλογον.
Un chien.	Ὁ σκύλος.
Un singe.	Ἡ μαϊμοῦ.
Un chat.	Ἡ γάτα.
Une jument	Ἡ φοράδα.
Une vache.	Ἡ ἀγελάδα (ἡ δάμαλις).
Une chèvre.	Ἡ γίδα (αἴξ).
Une salle.	Ἡ σάλλα (αἴθουσα).
Une récompense.	Ἡ ἀνταμοιβή.
Du plaisir.	Ἡ εὐχαρίστησις.
De la reconnaissance.	Ἡ εὐγνωμοσύνη.
La fièvre.	Ὁ πυρετός.
De la poudre.	Σκόνη, πυρίτις (ἡ κόνις).
Beau temps.	Ὡραῖος καιρός·
De la pluie.	Ἡ βροχή.

Un tapis.	Τὸ χαλὶ (ὁ τάπης).
Un bateau.	Τὸ καΐκι (τὸ ἀκάτιον).
Congé.	Ἡ ἄδεια (συγχώρησις).
Un concert.	Ἡ μουσικὴ ἁρμονία.
Une maladie.	Ἡ ἀσθένεια.
Un oiseau.	Τὸ πουλὶ (πτηνόν).
De l'appétit.	Ἡ ὄρεξις.
Le courage.	Τὸ θάῤῥος (ἡ τόλμη).
Du chagrin.	Ἡ δυσαρέσκεια.
Le malheur.	Ἡ δυστυχία.
La hardiesse.	Ἡ αὐθάδεια.
Des parents.	Οἱ συγγενεῖς.
Le bonheur.	Ἡ εὐτυχία.
Un ami.	Ὁ φίλος.
Un ennemi.	Ὁ ἐχθρός.

— —

Le verbe AVOIR *conjugué négativement et interrogativement.*	Τὸ ῥῆμα ᾽ΕΧΕΙΝ ἐν συζυγίᾳ ἀρνητικῶς καὶ ἐρωτηματικῶς.
N'ai-je pas un cheval?	Δὲν ἔχω ἄλογον;
N'as-tu pas un chien?	Δὲν ἔχεις σκύλον;

N'a-t-il pas un singe ?	Δὲν ἔχει μαϊμοῦν ;
N'avons-nous pas un chat ?	Δὲν ἔχομεν γάταν ;
N'avez-vous pas une jument?	Δὲν ἔχετε φοράδαν ;
N'ont-ils pas des vaches ?	Δὲν ἔχουσιν ἀγελάδαν ;
N'avais-je pas une chèvre ?	Δὲν εἶχον γίδαν ;
N'avais-tu pas une salle?	Δὲν εἶχες σάλλαν ;
N'avait-il pas un tapis?	Δὲν εἶχε χαλί ;
N'avions-nous pas congé ?	Δὲν εἴχομεν ἄδειαν ;
N'aviez-vous pas un bateau ?	Δὲν εἴχετε καΐκι ;
N'avaient-ils pas un concert?	Δὲν εἶχον μουσικὴν ἀρμονίαν ;
N'eus-je pas une maladie ?	Δὲν ἔλαβον ἀσθένειαν ;
N'eus-tu pas un oiseau ?	Δὲν ἔλαβες πτηνόν τι ;
N'eut-il pas d'appétit ?	Δὲν ἔλαβε ὄρεξιν ;
N'eûmes-nous pas de récompense ?	Δὲν ἐλάβομεν ἀνταμοιβήν ;
N'eûtes-vous pas du plaisir ?	Δὲν ἐλάβετε εὐχαρίστησιν ;
N'eurent-ils pas de reconnaissance ?	Δὲν ἔλαβον εὐγνωμοσύνην ;
N'aurai-je pas la fièvre ?	Δὲν θέλω ἔχει πυρετόν ;
N'auras-tu pas de poudre?	Δὲν θέλεις ἔχει πυρίτιδα κόνιν;
N'aura-t-il pas beau temps ?	Δὲν θέλει ἔχει καλὸν καιρόν ;

N'aurons-nous pas de pluie?	Δὲν θέλομεν ἔχει βροχήν;
N'aurez-vous pas le courage?	Δὲν θέλετε ἔχει τόλμην;
N'auront-ils pas de chagrin?	Δὲν θέλουσιν ἔχει δυσαρέσκειαν;
N'aurais-je pas le malheur?	Δὲν ἤθελον ἔχει τὴν δυστυχίαν;
N'aurais-tu pas la hardiesse?	Δὲν ἤθελες ἔχει τὴν αὐθάδειαν;
N'aurait-il pas des parents?	Δὲν θέλει ἔχει συγγενεῖς;
N'aurions-nous pas le bonheur?	Δὲν ἠθέλομεν ἔχει τὴν εὐτυχίαν;
N'auriez-vous pas un ami?	Δὲν ἠθέλετε ἔχει φίλον;
N'auraient-ils pas des ennemis?	Δὲν ἤθελον ἔχει ἐχθρούς;

VOCABULAIRE.	ΟΝΟΜΑΣΤΙΚΟΝ.
Bien aise.	Εὔθυμος.
Paresseux, se.	Ὀκνηρός (ῥάθυμος).
Curieux, se.	Περίεργος.
Généreux, se.	Γενναῖος.
Adroit, e.	Ἐπιδέξιος.
Heureux, se.	Εὐτυχής.
Malheureux, se.	Δυστυχής.
Occupé, e.	Ἐνησχολημένος.

Fatigué, e.	Κουρασμένος (ἀπηυδημένος).
Couché, e.	Κλινήρης.
Fermé, e.	Σφαλιστός (κλεισμένος).
Pauvre.	Πτωχός.
Obéissant, e.	Εὐπειθής.
Fâché, e.	Πειραγμένος (ὠργισμένος).
Surpris, e.	Ἔκθαμβος.
Tranquille.	Ἥσυχος.
Blessé, e.	Πληγωμένος.
Prêt, e.	Ἕτοιμος (πρόθυμος).
Avide.	Πλεονέκτης (ἄπληστος).
Savant, e.	Προχομμένος (πεπαιδευμένος).
Bossu, e.	Καμπούρης (κυφός).
Joyeux, se.	Περιχαρής.
Riche.	Πλούσιος.
Faible.	Ἀδύνατος.
Téméraire.	Προπέτης.
Imprudent, e.	Ἀνόητος (ἄφρων).
Inutile.	Ἀνωφελής (ἄχρηστος).
Barbare.	Βάρβαρος.
Coupable.	Πταίστης (ἔνοχος).

Méchant, e.	Κακοῦργος.

— —

Le verbe ÊTRE *conjugué avec les adjectifs ci-dessus.*	Τὸ ῥῆμα ΕΙΝΑΙ ἐν συζυγίᾳ μετὰ τῶν ἀνωτέρω ἐπιθέτων.
Je suis bien aise.	Εἶμαι εὔθυμος.
Tu es paresseux, se.	Εἶσαι ὀκνηρός.
Elle est curieuse.	Αὐτὴ εἶναι περίεργος.
Il est généreux.	Εἶναι γενναῖος.
Il est adroit.	Εἶναι ἐπιδέξιος.
Nous sommes heureux, ses.	Εἴμεθα εὐτυχεῖς.
Vous êtes malheureux, ses.	Εἶσθε δυστυχεῖς.
Ils sont occupés.	Εἶναι ἐνησχολημένοι.
J'étais fatigué, e.	Ἤμουν κουρασμένος.
Tu étais couché, e.	Ἤσουν κλινήρης.
Sa fenêtre était fermée.	Τὸ παράθυρον του ἦτο κλεισμένον.
Nous étions pauvres.	Ἤμεθα πτωχοί.
Vous étiez obéissants.	Ἤσθε εὐπειθεῖς.
Ils étaient fâchés.	Ἦσαν πειραγμένοι.
Je fus surpris, e.	Ἐστάθην ἔκθαμβος.

Tu fus tranquille.	Ἐστάθης ἥσυχος.
Son cheval fut blessé.	Τὸ ἄλογόν του ἐστάθη πληγω- μένον (ἐπληγώθη).
Ils furent avides.	Ἐστάθησαν πλεονέκται.
Je serai prêt, e.	Θέλω εἶσθαι ἕτοιμος.
Tu seras savant, e.	Θέλεις εἶσθαι προκομμένος.
Il sera bossu.	Θέλει εἶσθαι χαμπούρης (θὰ χαμπουριάσῃ).
Nous serons joyeux, ses.	Θέλομεν εἶσθαι περιχαρεῖς.
Vous serez riches.	Θέλετε εἶσθαι πλούσιοι.
Ils seront faibles.	Θέλουν εἶσθαι ἀδύνατοι.
Je serais téméraire.	Ἤθελον εἶσθαι προπέτης.
Tu serais imprudent, e.	Ἤθελες εἶσθαι ἀνόητος.
Cela serait inutile.	Ἤθελεν εἶσθαι ἀνωφελὲς τοῦτο.
Nous serions barbares.	Ἠθέλομεν εἶσθαι βάρβαροι.
Vous seriez coupables.	Ἠθέλετε εἶσθαι πταῖσται.
Ils seraient méchants.	Ἤθελον εἶσθαι κακοῦργοι.

— —

VOCABULAIRE. — ΟΝΟΜΑΣΤΙΚΟΝ.

Honnête.	Τίμιος.
Poli, e.	Εὐγενής.

Juste.	Δίκαιος.
Sage.	Φρόνιμος (σοφός).
Fidèle.	Πιστός.
Fort, e.	Δυνατός (ἰσχυρός).
Innocent, e.	Ἀθῶος.
Muet, te.	Βωβός.
Habile.	Ἐπιτήδειος.
Apprivoisé, e.	Ἥμερος (πρᾷος).
Grand, e.	Ὑψηλός.
Petit, e.	Κοντός.
Égal, e.	Ἴσος (ὅμοιος).
Hardi, e.	Τολμηρός.
Orgueilleux, se.	Ὑπερήφανος (ἀλαζών).
Aveugle.	Στραβός (τυφλός).
Jeune.	Νέος.

—   —

Sois honnête.	Ἔσο τίμιος.
Qu'il soit poli.	Ἂς ἦναι εὐγενής.
Soyons justes.	Ἂς ἤμεθα δίκαιοι.
Soyez sages.	Ἦσθε φρόνιμοι.
Qu'ils soient fidèles.	Ἂς ἦναι πιστοί.

Que je sois fort, e.	Εἴθε νὰ ἦμαι δυνατός.
Que tu sois innocent, e.	Εἴθε νὰ ἦσαι ἀθῶος.
Qu'elle soit muette.	Εἴθε νὰ ἦναι βωβή.
Que nous soyons habiles.	Εἴθε νὰ ἤμεθα ἐπιτήδειοι.
Que vous soyez hardis, es.	Εἴθε νὰ ἦσθε τολμηροί.
Qu'elles soient orgueilleuses.	Εἴθε νὰ ἦναι ὑπερήφανοι.
Que je fusse aveugle.	Εἴθε νὰ ἤμουν τυφλός.
Que tu fusses jeune.	Εἴθε νὰ ἦσουν νέος.
Que son oiseau fût appri- voisé.	Εἴθε τὸ πουλί του νὰ ἦτον ἥμερον.
Que nous fussions plus grands, des.	Εἴθε νὰ ἤμεθα ὑψηλότεροι.
Que vous fussiez plus petits, tes.	Εἴθε νὰ ἦσθε κοντήτεροι.
Qu'ils fussent égaux.	Εἴθε νὰ ἦσαν ἴσοι.

VOCABULAIRE. ΟΝΟΜΑΣΤΙΚΟΝ.

Sourd, e.	Κωφός.
Diligent, e.	Ἐπιμελής.
Bleu, e.	Γαλάζιος, μαβῦς (κυανοῦς).
Gai, e.	Ἱλαρός (φαιδρός).

Triste.	Περίλυπος.
Studieux, se.	Σπουδαῖος.
Discret, ète.	Διακριτικός.
Ingrat, e.	Ἀχάριστος (ἀγνώμων).
Honteux, se.	Ἐντροπαλὸς (αἰδήμων), ἐν-τροπιασμένος.
Malade.	Ἄῤῥωστος (ἀσθενής).
Mouillé, e.	Βρεμμένος (κάθυγρος).
Étonné, e.	Ἐκστατικός (ἐκπεπληγμένος).
Digne.	Ἄξιος.
Illustre.	Ἔνδοξος (περικλεής).
Entêté, e.	Πεισματάρης (ἰσχυρογνώμων).
Modeste.	Κόσμιος (σώφρων).
Excusable.	Ἀξιοσυμπάθητος, συγγνωστός.
Prodigue.	Ἄσωτος.
Estropié, e.	Σακκάτης (πηρός).
Chanceux, se.	Καλορίζικος (τυχηρός).
Plein, e.	Γεμάτος (πλήρης).
Impoli, e.	Ἀπολίτευτος, ἄπρακτος.
Franc, che.	Ἐλευθέριος.
Étroit, e.	Στενός.

Content, e.	Εὐχαριστημένος.
Fâché, e.	Δυσαρεστημένος.
Large.	Εὐρύχωρος (πλατύς).
Aimable.	Ἀξιαγάπητος.
Ridicule.	Γελοῖος.
Pesant.	Βαρύς.

—

Le verbe ÊTRE conjugué négativement et interrogativement. — Τὸ ῥῆμα ΕΙΝΑΙ ἐν συζυγίᾳ ἀρνητικῶς καὶ ἐρωτηματικῶς.

Je ne suis pas sourd.	Δὲν εἶμαι κωφός.
Es-tu diligent?	Ἦσαι ἐπιμελής;
Votre habit n'est-il pas bleu?	Δὲν εἶναι μαβὺ τὸ φόρεμά σου;
Nous ne sommes pas gais.	Δὲν εἴμεθα ἱλαροί.
N'êtes-vous pas tristes?	Δὲν εἶσθε περίλυποι;
Ils ne sont pas très-modestes.	Δὲν εἶναι πολλὰ κόσμιοι.
N'étais-je pas excusable?	Δὲν ἤμουν ἀξιοσυμπάθητος;
N'étais-tu pas prodigue?	Δὲν ἤσουν ἄσωτος;
Était-il estropié?	Σακκάτης ἦτο;

3

Nous n'étions pas chanceuses.	Δὲν ἤμεθα τυχηροί.
Étiez-vous studieux, ses?	Ἦσθε σπουδαῖοι ;
N'étaient-ils pas discrets?	Δὲν ἦσαν διακριτικοί ;
Fus-je ingrat?	Ἐστάθην ἀχάριστος ;
Ne fus-tu pas honteux, se?	Δὲν ἐστάθης ἐντροπιασμένος (δὲν ἐντράπης) ;
Il ne fut pas malade.	Δὲν ἐστάθη ἄῤῥωστος.
Nous ne fûmes pas mouillés.	Δὲν ἐστάθημεν βρεμμένοι (δὲν ἐβράχημεν).
Fûtes-vous étonnés?	Ἐστάθητε ἐκστατικοί ;
Ne furent-ils pas dignes?	Δὲν ἐστάθησαν ἄξιοι ;
Serai-je illustre?	Θέλω εἶσθαι ἔνδοξος (θέλω δοξασθῆ) ;
Ne seras-tu pas entêté?	Δὲν θέλεις εἶσθαι πεισματάρης;
La bouteille ne sera pas pleine. [polis.	Δὲν θέλει εἶσθαι γεμάτη ἡ φιάλη. [λίτευτοι.
Nous ne serons pas si im-	Δὲν θέλομεν εἶσθαι τόσον ἀπο-
Serez-vous francs?	Θέλετε εἶσθαι ἐλευθέριοι ;
Les manches ne seront-elles pas trop étroites?	Τὰ μανίκια δὲν θέλουσιν εἶσθαι πολὺ στενά;

Je ne serais pas content.	Δὲν ἔθελον εἶσθαι εὐχαριστημένος.
Serais-tu fâché?	Ἤθελες εἶσθαι δυσαρεστημένος (ἤθελες δυσαρεστηθῇ);
La chambre ne serait-elle pas assez large?	Ὁ θάλαμος δὲν ἤθελεν εἶσθαι ἀρχετὰ εὐρύχωρος;
Serions-nous aimables?	Ἠθέλομεν εἶσθαι ἀξιαγάπητοι;
Ne seriez-vous pas ridicules?	Δὲν ἠθέλετε εἶσθαι γελοῖοι;
Ne seraient-ils pas trop pesants?	Δὲν ἤθελον εἶσθαι πολὺ βαρεῖς;

— —

VOCABULAIRE.   ΟΝΟΜΑΣΤΙΚΟΝ.

Aimer.	Ἀγαπῶ.
Abandonner.	Παραιτῶ (ἐγκαταλείπω).
Aboyer.	Γαυγίζω (ὑλακτῶ).
Achever.	Τελειόνω.
Acheter.	Ἀγοράζω.
Appeler.	Κράζω, φωνάζω (καλῶ).
Apporter.	Φέρω.
Allumer.	Ἀνάπτω.

Arracher.	Μαδῶ (ἀποσπῶ).
Arroser.	Ποτίζω.
Attacher.	Δένω.
Apprêter.	Ἑτοιμάζω (παρασκευάζω).
Assurer.	Βεβαιῶ.
Avouer.	Ὁμολογῶ..
Baptiser.	Βαπτίζω.
Balayer.	Φροκαλῶ, σαρόνω.
Blâmer.	Μέμφομαι.
Blesser.	Πληγόνω.
Boucher.	Στουππόνω (ἐμφράττω).
Boutonner.	Κουμβόνω.
Brasser.	Κατασκευάζω.
Moudre, broyer.	Ἀλέθω (συντρίβω).
Broder.	Κεντῶ (ποικίλλω).
Brûler.	Καίω.

—

Conjugaison des verbes ci-dessus.	Σχηματισμὸς τῶν ἀνωτέρω ῥημάτων.
J'aime le fruit.	Ἀγαπῶ τὰ ὀπωρικά.
Tu abandonnes tes amis.	Παραιτεῖς τοὺς φίλους σου.

Le chien n'aboie pas.	Ὁ σκύλος δὲν γαυγίζει..
Nous achevons notre ouvrage.	Τελειόνομεν τὸ ἔργον μας.
N'achetez-vous pas du poisson ?	Δὲν ἀγοράζετε ὀψάρια ;
Appellent-ils?	Φωνάζουν ; κράζουν ;
J'apportais le dîner.	Ἔφερον τὸ γεῦμα.
Tu allumais là chandelle.	Ἥναπτες τὸ κηρί.
N'arrachait-il pas les fleurs?	Δὲν ἐμαδοῦσε τὰ ἄνθη ;
Nous arrosions le jardin.	Ἐποτίζομεν τὸ περιβόλι..
N'attachiez - vous pas une corde?	Δὲν ἔδενες μίαν χορδήν ;
Ils apprêtaient le dîner.	Ἡτοίμαζον τὸ γεῦμα.
J'assurai votre frère.	Ἐβεβαίωσα τὸν ἀδελφόν σας.
Tu avouas ta faute.	Ὡμολόγησας τὸ σφάλμα σου.
Il ne baptisa pas l'enfant.	Δὲν ἐβάπτισε τὸ βρέφος.
Nous balayâmes la cuisine.	Ἐφροχαλήσαμεν τὸ μαγειρεῖον
Ne blâmâtes - vous pas sa conduite?	Δὲν ἐμέμφθητε τὴν διαγωγήν του ;
Ne se blessèrent-ils pas?	Δὲν ἐπληγώθησαν ;
Je boucherai le trou.	Θέλω στουππώσει τὴν τρύπαν.

Ne boutonneras-tu pas ta veste?	Δὲν θὰ κουμβώσῃς τὴν βέσταν σου ;
Il brassera de la bière.	Θέλει κατασκευάσει ζύθον.
Nous moudrons le café.	Θέλομεν ἀλέσει καφφέ.
Broderez-vous votre robe?	Θέλετε κεντήσει τὸ φουστάνι σας ;
Ne brûleront-ils pas tout le bois ?	Δὲν θέλουν καύσει ὅλα τὰ ξύλα ;

—

—

VOCABULAIRE.   ΟΝΟΜΑΣΤΙΚΟΝ.

Brosser.	Βουρτσίζω, σκουπίζω.
Brider.	Χαλινόνω.
Briser.	Τσακίζω (θραύω).
Cacher.	Κρύπτω.
Casser.	Σπάνω (συντρίβω).
Changer.	᾽Αλλάσσω.
Charger.	Φορτόνω.
Chauffer.	Ζεσταίνω (θερμαίνω).
Cacheter.	Βουλόνω (σφραγίζω).
Chercher.	Κυττάζω.
Châtier.	Τιμωρῶ.

Commencer.	Ἀρχίζω.
Chanter.	Τραγῳδῶ (ψάλλω).
Couper.	Κόπτω.
Déchirer.	Σχίζω, ξεσχίζω.
Déshonorer.	Ἀτιμάζω.
Deviner.	Ἐννοιόνω (μαντεύω).
Se dépêcher.	Σπεύδω.
Déjeûner.	Προγευματίζω.
Écouter.	Ἀκροάζομαι.
Emprunter.	Δανείζομαι.
Éternuer.	Πτερνίζομαι.

—

Je brosserais mon habit.	Ἤθελον βουρτσίσει τὸ φόρεμά μου. [σου.
Tu briderais ton cheval.	Ἤθελες χαλινώσει τὸ ἄλογόν
Il briserait la porte.	Ἤθελε σπάσει τὴν θύραν.
Nous cacherions notre argent.	Ἠθέλομεν κρύψει τὰ χρήματά μας.
Vous casseriez le verre.	Ἠθέλετε τσακίσει τὸ ποτήριον.
Ils changeraient de logement.	Ἤθελον ἀλλάξει κατοικίαν (ἤθελον μετοικήσει).

Qu'il charge la charrette.	Ἄς φορτώσῃ τὴν ἅμαξαν.
Chauffons les draps.	Ἄς ζεστάνωμεν τὰς σινδόνας.
Cachetez votre lettre.	Σφραγίσατε τὸ γράμμα σας.
Qu'ils cherchent une maison.	Ἄς κυττάξωσι διὰ σπῆτι.
Que je châtie les coupables.	Διὰ νὰ τιμωρῶ τοὺς πταίστας.
Que tu commences ton thème.	Διὰ νὰ ἀρχίζῃς τὸ θέμα σου.
Qu'elle chante une chanson.	Διὰ νὰ τραγῳδῇ.
Que nous coupions la viande.	Διὰ νὰ κόπτωμεν τὸ κρέας.
Que vous ne déchiriez pas votre habit.	Διὰ νὰ μὴ σχίζητε τὸ φόρεμά σας.
Qu'ils ne déshonorent pas leur famille.	Διὰ νὰ μὴν ἀτιμάζωσι τὴν οἰκογένειάν των.
Que je devinasse l'énigme.	Εἴθε νὰ ἐμάντευον τὸ αἴνιγμα.
Que tu te dépêchasses.	Εἴθε νὰ ἔσπευδες.
Qu'il ne déjeûnât pas.	Εἴθε νὰ μὴν ἐπρογευμάτιζε.
Que nous ne l'écoutassions pas.	Εἴθε νὰ μὴ τὸν ἠκροαζόμεθα.
Que vous n'empruntassiez pas d'argent.	Εἴθε νὰ μὴν ἐδανείζεσθε χρήματα.

Qu'ils n'éternuassent point.   Εἴθε νὰ μὴν ἐπτερνίζοντο.

—   —

VOCABULAIRE.	ΟΝΟΜΑΣΤΙΚΟΝ.
Étudier.	Μελετῶ (σπουδάζω).
Frapper.	Κτυπῶ.
Frire.	Τηγανίζω (φρύγω).
Frotter.	Τρίβω.
Gâter.	Χαλῶ (φθείρω).
Habiller.	Ἐνδύνω.
Jeter.	Ῥίπτω.
Inviter.	Προσκαλῶ.
Imprimer.	Τυπόνω.
Labourer.	Ζευγαρίζω (ἀροτριῶ).
Laver.	Πλύνω.
Manger.	Τρώγω.
Mêler.	Ἀνακατόνω (ἀναμιγνύω).
Meubler.	Στρόνω οἰκίαν (συσκευάζω).
Nager.	Κολυμβῶ.
Nettoyer.	Παστρεύω (καθαρίζω).
Oter.	Ἐκβάλλω, ἐκπίπτω (ἀφαιρῶ).
Oublier.	Λησμονῶ, ξεχνῶ.

Payer.	Πληρόνω.
Prêter.	Δανείζω.
Prier.	Παρακαλῶ (δέομαι).
Parler.	Ὁμιλῶ (λαλῶ).
Quitter.	Ἀναχωρῶ (παραιτῶ).
Récompenser.	Βραβεύω (ἀνταμοίβω).
Remercier.	Εὐχαριστῶ.
Secouer.	Τεινάζω.
Saler.	Ἁλατίζω.
Tuer.	Φονεύω.
Voler.	Κλέπτω.

J'ai étudié ma leçon.	Ἐμελέτησα τὸ μάθημά μου.
N'as - tu point frappé le chien?	Δὲν ἐκτύπησας τὸν σκύλον;
A-t-elle frit le poisson?	Ἐτηγάνισεν αὐτὴ τ' ὀψάρι;
Nous avons frotté les chaises.	Ἐτρίψαμεν τὰς καρέγλας.
N'avez-vous point gâté votre habit?	Δὲν ἐχαλάσατε τὸ φόρεμά σας;
Ils n'ont pas habillé les enfants.	Δὲν ἐνδύσαν τὰ παιδία.

J'avais jeté les restes.	Εἶχα ῥίψει τὰ ἐπίλοιπα.
N'avais-tu pas invité mon cousin?	Δὲν εἶχες προσκαλέσει τὸν ἐξάδελφόν μου;
Avait-il imprimé son ouvrage?	Εἶχε τυπώσει τὸ πόνημά του;
Nous avions labouré le champ.	Εἴχαμεν ζευγαρίσει τὸ χωράφι.
Vous n'aviez pas lavé vos mains.	Δὲν εἴχετε πλύνει τὰ χέρια σας.
N'avaient-ils pas mangé le fruit?	Δὲν εἶχαν φάγει τὰ ὀπωρικά;
Quand j'eus mêlé les drogues.	Ὅτε εἶχα ἀναμίξει τὰ φάρμακα.
Quand il eut meublé sa maison.	Ὅτε εἶχε στρώσει τὴν οἰκίαν του.
Quand nous eûmes nagé.	Ὅτε εἴχαμεν κολυμβήσει.
Ils n'eurent pas nettoyé les tableaux.	Δὲν εἶχαν παστρεύσει τὰς εἰκόνας.
Quand j'aurai ôté mon habit. [çon?	Ὅταν θὰ ἐκβάλλω τὸ φόρεμά μου. [σου;
N'auras-tu pas oublié ta le-	Δὲν θὰ λησμονήσῃς τὸ μάθημά

Il aura payé une guinée.	Ἤθελε πληρώσει μίαν γκουϊνέαν.
Quand nous aurons prêté l'argent.	Ὅταν δανείσωμεν χρήματα.
J'aurais prié Dieu.	Ἤθελον παρακαλέσει τὸν Θεόν.
N'aurait-il pas parlé français ?	Δὲν ἤθελεν ὁμιλήσει γαλλικά;
Aurions-nous quitté la maison?	Ἠθέλομεν παραιτήσει τὸ σπῆτι;
N'auraient-ils pas récompensé les diligents?	Δὲν ἤθελον βραβεύσει τοὺς ἐπιμελεῖς;
Que nous ayons remercié Dieu.	Εἴθε νὰ ηὐχαριστοῦμεν τὸν Θεόν.
Qu'ils eussent secoué la poussière.	Εἴθε νὰ ἐτείναζαν τὴν σκόνην.
La viande est salée.	Τὸ κρέας εἶναι ἁλατισμένον (ἡλατίσθη τὸ κρέας).
Son frère a été tué.	Ὁ ἀδελφός του ἐφονεύθη.
Nous aurions été volés.	Ἠθέλομεν κλαπῆ.

VOCABULAIRE.	ΟΝΟΜΑΣΤΙΚΟΝ.
Abolir.	Ἀχυρῶ (χαταργῶ).
Accomplir.	Ἐχτελῶ (συμπληρῶ).
Accourcir.	Κονταίνω (βραχύνω).
Adoucir.	Γλυχαίνω (χαταπραύνω).
Affaiblir.	Ἐξασθενῶ (ἀτονίζω).
Agir.	Ἐνεργῶ (πράττω).
Applaudir.	Ἐπαινῶ, ἐγχωμιάζω, εὐφημῶ
Avertir.	Εἰδοποιῶ (ἰδεάζω).
Bâtir.	Κτίζω (οἰχοδομῶ).
Démolir.	Κρημνίζω (χατεδαφίζω).
Blanchir.	Πλύνω.
Choisir.	Ἐχλέγω.
Désobéir.	Παραχούω (εἶμαι ἀπειθής).
Éblouir.	Θαμβόνω.
Emplir.	Γεμίζω.
Embellir.	Ὡραΐζω.
Enfouir.	Θάπτω, παραχόνω.
Enrichir.	Πλουτίζω.
Étourdir.	Ζαλίζω.
Finir.	Τελειόνω.

4

Fleurir.	Ἀνθῶ.
Frémir.	Ἀνατριχιῶ.
Guérir.	Ἰατρεύω (θεραπεύω).
Jouir.	Ἀπολαύω.
Maigrir.	Λιγνεύω, ἰσχναίνομαι.
Mûrir.	Ὡριμάζω.
Noircir.	Μαυρίζω (ἀμαυρῶ).
Nourrir.	Τρέφω.
Pâlir.	Κιτρινίζω (ὠχριῶ).
Pourrir.	Σήπομαι.
Punir.	Παιδεύω (τιμωρῶ).
Rafraîchir.	Δροσίζω (δίδω ἀναψυχήν).
Remplir.	Ἀπογεμίζω.
Réussir.	Ἐπιτυγχάνω.
Saisir.	Ἁρπάζω, πιάνω, συλλαμβάνω (δράσσομαι).
Ternir.	Μαυρίζω.
Trahir.	Προδίδω.
Vieillir.	Γηράσκω.

Exemples des verbes ci-dessus.	Τὰ ἀνωτέρω ῥήματα ἐν παραδείγματι.
La loi a été abolie.	Ὁ νόμος κατηργήθη (ἠκυρώθη).
J'accomplirai ma promesse.	Θέλω ἐκτελέσει τὴν ὑπόσχεσίν [μου.
N'avez-vous point accourci la planche?	Δὲν ἐκοντήνατε τὸ σανίδι;
La pluie adoucira le temps.	Ἡ βροχὴ θέλει γλυκάνει τὸν καιρόν.
Cette maladie m'affaiblit beaucoup.	Ἡ ἀῤῥωστία αὐτὴ μ' ἐξασθενεῖ πολὺ (πολὺ μ' ἀτονίζει αὐτὴ ἡ ἀσθένεια).
Il a agi prudemment.	Ἔπραξε φρονίμως.
Il est applaudi de tout le monde.	Ἐπαινεῖται ἀφ' ὅλους.
Avertissez-en votre frère. •	Εἰδοποίησον τὸν ἀδελφόν σου περὶ τούτου.
Il bâtissait sa maison.	Ἔκτιζε τὸ σπίτι του.
Je démolissais la mienne.	Ἐκρήμνιζα τὸ ἰδικόν μου.
Votre linge est-il blanchi?	Ἐπλύνθησαν τ' ἀσπρόρουχά σας;

Choisissez une de ces pommes.
Ἐκλέξατε ἓν ἀπ' αὐτὰ τὰ μῆλα.

Ne me désobéissez pas.
Μὴν εἶσθε ἀπειθεῖς.

Le soleil m'éblouit.
Ὁ ἥλιος θαμβόνει τὸ φῶς μου.

Vous n'avez pas empli le pot.
Δὲν ἐγεμίσατε τὸ ἀγγεῖον.

Votre maison est bien embellie.
Ὁ οἶκός σας ὡραΐσθη κατὰ πολλά.

Il a enfoui son argent.
Παρέχωσε τὰ χρήματά του.

Cette affaire vous aurait enrichi.
Αὐτὴ ἡ δουλειὰ ἤθελε σᾶς πλουτίσει.

Vous m'étourdissez la tête.
Μοῦ ζαλίζεις τὸ κεφάλι.

Quand aurez-vous fini votre thème ?
Πότε θέλετε τελειώσει τὸ θέμα σας ;

Voyez comme les arbres fleurissent !
Ἴδε πῶς ἀνθοῦν τὰ δένδρα !

Vous me faites frémir.
Μὲ κάμνετε ν' ἀνατριχιῶ.

Les médecins ne le guériront jamais. [bien ?
Ποτὲ δὲν θέλουν τὸν ἰατρεύσει οἱ ἰατροί.

Ne jouissait-il pas de son
Δὲν ἀπήλαυσε τ' ἀγαθά του ;

Votre père est bien maigri.
Ὁ πατήρ σας πολὺ ἐλίγνευσε.

Que je noircisse mes souliers. — Διὰ νὰ μαυρίσω τὰ παπούτσια μου.

Comment nourrissez-vous vos lapins? — Πῶς τρέφετε τὰ κουνέλιά σας;

Il pâlit à la vue du fusil. — Ὠχρίασε ἅμα εἶδε τὸ τουφέκι.

Ce fruit commence à pourrir. — Ὁ καρπὸς οὗτος ἀρχίζει νὰ σήπηται.

Ne le puniriez-vous pas aussi? — Δὲν ἠθέλετε τὸν παιδεύσει ὡσαύτως;

Nous nous rafraîchîmes dans le bois. — Ἐλάβομεν ἀναψυχὴν εἰς τὸ δάσος.

Pourquoi ne remplissez-vous pas les verres? — Διατί δὲν ἀπογεμίζετε τὰ ποτήρια;

Saisissons l'occasion. — Δραξώμεθα τῆς εὐκαιρίας.

La fumée ne ternira-t-elle pas ces tableaux? — Ὁ καπνὸς δὲν θὰ μαυρίσῃ αὐτὰς τὰς εἰκόνας;

Il vous aurait trahi. — Ἤθελε σᾶς προδώσει.

Sa mère vieillit beaucoup. — Ἡ μήτηρ του γηράσκει πολύ.

—

VOCABULAIRE.

ΟΝΟΜΑΣΤΙΚΟΝ.

Apercevoir. — Παρατηρῶ.

Entendre.	Καταλαμβάνω, ἐννοῶ, ἀκούω.
Traduire.	Μεταφράζω.
Peindre.	Ζωγραφίζω.
Devoir.	Χρεωστῶ.
Descendre.	Καταβαίνω.
Reluire.	Ὑαλίζω, λάμπω.
Recevoir.	Παραλαμβάνω, ὑποδέχομαι.
Attendre.	Προσμένω.
Détruire.	Καταστρέφω.
Atteindre.	Καταφθάνω.
Vendre.	Πωλῶ.
Répondre.	Ἀποκρίνομαι.
Cuire.	Ψήνω.
Craindre.	Φοβοῦμαι.
Réduire.	Καταναγκάζω.
Plaindre.	Συμπονῶ, συμπάσχω.
Concevoir.	Συλλαμβάνω.
Feindre.	Προσποιοῦμαι. [νέου.
Repeindre.	Ζωγραφίζω, χρωματίζω ἐκ.
Fendre.	Σχίζω.
Joindre.	Σμίγω, ἑνόνω.

Exemples des verbes ci-dessus.	Παραδείγματα τῶν ἀνωτέρω ῥημάτων.
J'aperçois un vaisseau.	Παρατηρῶ πλοῖον.
Il n'entend pas le français.	Δὲν καταλαμβάνει γαλλικά.
Je ne vous entendais pas.	Δὲν σᾶς ἤκουσα.
Ne traduisez-vous pas des fables?	Δὲν μεταφράζετε μύθους ;
Vos sœurs peignent très-bien.	Αἱ ἀδελφαί σας ζωγραφίζουν ἐξαίρετα.
Je devais de l'argent à votre père.	Ἐχρεώστουν χρήματα εἰς τὸν πατέρα σας.
Ne descendiez-vous pas ?	Δὲν ἐκαταβαίνετε ;
L'or et l'argent reluisaient partout.	Πανταχοῦ ἔλαμπον χρυσίον καὶ ἀργύριον.
Je reçus une lettre samedi dernier.	Ἔλαβα ἐπιστολὴν τὸ παρελθὸν σάββατον.
Attendit-il la réponse ?	Ἐπρόσμενε τὴν ἀπόκρισιν ;
Nous détruisîmes toutes les fortifications.	Κατεστρέψαμεν ὅλα τὰ ὀχυρώματα.
N'atteignîtes-vous pas le carrosse ?	Δὲν κατεφθάσατε τὴν ἅμαξαν ;

Ils n'aperçurent rien.	Δὲν παρετήρησαν τίποτε.
Vendrai-je mon cheval ?	Νὰ πωλήσω τὸ ἄλογόν μου ;
Il ne vous répondra pas.	Δὲν θέλει σᾶς ἀποκριθῆ.
Ne cuirez-vous pas demain ?	Δὲν θέλετε ψήσει αὔριον ;
Ne craindront-ils pas leur maître ?	Δὲν θέλουν φοβηθῆ τὸν διδάσκαλόν των, τὸν κύριόν των;
Je n'attendrais personne.	Δὲν ἤθελον προσμείνει κἀνένα.
Il les réduirait bientôt.	Ἤθελε τοὺς καταναγκάσει εὐθύς.
Pourquoi plaindrions-nous son sort ?	Διὰ τί νὰ συμπονῶμεν τὴν μοῖράν του ;
Ils ne concevraient jamais cela.	Ποτὲ δὲν θέλουν συλλάβει αὐτὴν τὴν ἰδέαν.
Feignons de ne pas les entendre.	Προσποιηθῶμεν ὅτι δὲν τοὺς ἀκούομεν. [γλικόν.
Traduisez cela en anglais.	Μετάφρασε τοῦτο εἰς τὸ ἀγ-
Attendez votre frère.	Πρόσμεινε τὸν ἀδελφόν σου.
Recevez cet argent pour moi.	Παράλαβε ἀντ' ἐμοῦ αὐτὰ τὰ χρήματα.
Que je lui doive des remerciments.	Διὰ νὰ τὸν χρεωστῶ τὴν χάριν.

Qu'il fende l'arbre.	Διὰ νὰ σχίσῃ τὸ δένδρον.
Que nous détruisions leurs ouvrages.	Διὰ νὰ καταστρέψωμεν τὰ ἔργα των.
Qu'ils ne craignent pas Dieu.	Διὰ νὰ μὴ φοβῶνται τὸν Θεόν
Que je ne reçusse pas ses lettres.	Διὰ νὰ μὴ λάβω τὰ γράμματά του.
Qu'il ne vendît pas ses chevaux.	Διὰ νὰ μὴ πωλήσῃ τὰ ἄλογά του.
Que nous traduisissions du français.	Διὰ νὰ μεταφράζωμεν ἐκ τοῦ γαλλικοῦ.
Qu'ils descendissent pour déjeûner.	Διὰ νὰ καταβῶσι νὰ προγευματίσωσι.
Avez-vous reçu vos livres?	Ἐλάβετε τὰ βιβλία σας;
N'avez-vous pas traduit votre fable?	Δὲν μετέφρασας τὸν μῦθόν σου;
Pourquoi ne m'avez-vous pas répondu?	Διὰ τί δὲν μ' ἀπεκρίθητε;
Avez-vous repeint votre chambre?	Ἐχρωματίσατε ἐκ νέου τὸν θάλαμόν σας;

IIᵉ PARTIE.

PHRASES ÉLÉMENTAIRES.

RENCONTRE.

Bonjour, Monsieur.

J'ai l'honneur de vous souhaiter le bonjour.

Comment vous portez-vous aujourd'hui ?

Je me porte fort bien.

Comment se porte monsieur votre père?

Il se porte très-bien, Monsieur.

Comment se porte toute la famille?

Et madame votre mère ?

Ma mère se porte un peu mieux aujourd'hui.

ΜΕΡΟΣ Β΄.

Φράσεις στοιχειώδεις.

ΣΥΝΑΝΤΗΣΙΣ.

Καλὴ ἡμέρα σας, Κύριε.

Ἔχω τὴν τιμὴν νὰ σᾶς καλημερήσω.

Πῶς ἔχετε; τί κάμνετε σήμερον;

Πολλὰ καλά.

Πῶς ἔχει ὁ κύριος πατήρ σας;

Πολὺ καλά, Κύριε.

Τί κάμνουν εἰς τὸ σπίτι;

Ἡ δὲ κυρία μήτηρ σας εἶναι καλά;

Ὀλίγον καλήτερα εἶναι σήμερον.

Elle se porte beaucoup mieux.	Εὑρίσκεται πολὺ καλήτερα.
Elle se porte passablement bien.	Ἔτσι κ' ἔτσι.
Elle ne se porte pas très-bien.	Δὲν εἶναι τόσον καλά.
Elle est indisposée.	Εἶναι ἀδιάθετη.
Elle est malade. [lade.	Εἶναι ἄῤῥωστη, ἀσθενεῖ.
Elle est dangereusement ma-	Ἀσθενεῖ ἐπικινδύνως.
Elle est bien mal.	Εὑρίσκεται εἰς κακὴν κατά- στασιν, πάσχει δεινῶς.
Elle est mourante, elle se meurt.	Ἀποθαίνει, θανατιᾷ.
Qu'est-ce qu'elle a?	Τί ἔχει ; ἀπὸ τί πάσχει ;
Elle est enrhumée.	Ἔχει καταῤῥοὴν, ἐκρυολόγη- σεν, ἔχει συνάγχι.
Elle a la fièvre.	Ἔχει παροξυσμὸν, ἔχει θέρ- μην, πυρεταίνει.
J'en suis bien fâché.	Πολὺ μὲ κακοφαίνεται.
Depuis quand est-elle ma- lade ?	Πόσος καιρὸς εἶναι ἀφ' ὅτου ἠσθένησεν ;
Je ne savais pas qu'elle fût malade.	Δὲν ἤξευρα ὅτι ἠσθένησε.

Quel est son mal?	Ἀπὸ τί πάσχει ;
Prend-elle quelque chose?	Πέρνει τίποτε ;
Voit-elle quelqu'un?	Τὴν εἶδεν ὁ ἰατρός ;
Le médecin vient la voir tous les jours.	Ὁ ἰατρὸς τὴν ἐπισκέπτεται καθ' ἡμέραν.
J'espère que cela ne sera rien.	Ἐλπίζω νὰ ἦναι περαστικόν.
Nous l'espérons.	Ἔτσι ἐλπίζομεν καὶ ἡμεῖς.
Le médecin assure que cela ne sera rien.	Ὁ ἰατρὸς βεβαιόνει ὅτι δὲν εἶναι τίποτε.
Tant mieux.	Τόσῳ τὸ καλήτερον.
J'en suis bien aise.	Τοῦτο μὲ χαροποιεῖ.
Mademoiselle votre sœur est-elle toujours malade?	Ἡ δὲ κυρία ἀδελφή σας ἀκόμη εἶναι ἀσθενής ;
Est-elle encore incommodée?	Ἀνήμπορη εἶναι ἀκόμη ;
Elle n'est pas entièrement guérie.	Δὲν ἔγεινεν ἀκόμη καλά, δὲν ἀνέλαβεν ἀκόμη.
Mais elle se porte beaucoup mieux.	Ἀλλ' εἶναι πολὺ καλήτερα.
J'en suis bien charmé.	Χαίρω λοιπόν.

DÉPART.	ΑΝΑΧΩΡΗΣΙΣ.
Il faut que je m'en aille.	Ἐγὼ πρέπει νὰ πηγαίνω.
Il faut nous quitter.	Πρέπει νὰ χωρισθῶμεν.
Il faut que je prenne congé de vous.	Πρέπει νὰ σᾶς ἀποχαιρετήσω.
Jusqu'au plaisir de vous revoir.	Ἕως νὰ λάβω τὴν εὐχαρίστησιν ν' ἀνταμωθῶμεν καὶ πάλιν.
Au plaisir.	Ὑγιαίνοιτε, πολλὰ τὰ ἔτη σας.
Adieu.	Πολλὰ τὰ ἔτη σας, 'ς τὸ καλό.
Votre très-humble.	Ταπεινότατος δοῦλός σας.
Bonjour.	Καλ' ἡμέρα.
Vous portez-vous bien ?	Εἶσθε καλά ;
Je vous souhaite le bonjour.	Σᾶς εὔχομαι καλὴν ἡμέραν.
Bon soir, bonne nuit.	Καλὴ 'σπέρα, καλὴ νύκτα.
Je vous souhaite le bonsoir.	Σᾶς καλησπερίζω.
Je vous souhaite une bonne nuit.	Σᾶς καλονυκτίζω.
Saluez monsieur votre frère de ma part.	Ἄσπασαι ἐκ μέρους μου τὸν κύριον ἀδελφόν σας.
Faites mes amitiés à mademoiselle votre sœur.	Προσκυνήματα εἰς τὴν κυρίαν ἀδελφήν σας.

5

Présentez mes respects à ma-	Προσφέρετε τὰ σεβάσματά μου
dame votre mère.	πρὸς τὴν κυρίαν μητέρα σας.
Ne m'oubliez pas auprès de	Τὰς προσαγορεύσεις μου πρὸς
madame votre épouse.	τὴν κυρίαν σύζυγόν σας.
Faites mes compliments chez	Προσκυνήματα 'ς τὸ σπίτι.
vous.	
Je n'y manquerai pas.	Δὲν θέλω λείψει μετὰ χαρᾶς.

DEMANDER ET REMERCIER.   ΖΗΤΗΣΕΙΣ ΚΑΙ ΕΥΧΑΡΙΣΤΗΣΕΙΣ.

Avec votre permission.	Μὲ τὴν ἄδειάν σας.
Voulez-vous bien me per-	Μὲ συγχωρεῖτε νὰ...;
mettre de...?	
Faites-moi le plaisir de...	Κάμετέ μοι τὴν χάριν νὰ...
Voulez-vous avoir la bonté	Λαμβάνετε τὴν καλοσύνην νὰ..;
de...?	
J'ai une grâce à vous de-	Μίαν χάριν θὰ σᾶς ζητήσω.
mander.	
J'ai une prière à vous faire.	Κάτι θὰ σᾶς παρακαλέσω.
Puis-je vous demander une	Ἐμπορῶ νὰ σᾶς ζητήσω μίαν
grâce?	χάριν;

Voulez - vous me faire un plaisir ? — Μοὶ κάμνετε μίαν χάριν ;

Vous pouvez me rendre un grand service. — Μεγάλην δούλευσιν μοὶ κάμνετε.

Je vous suis infiniment obligé. — Σᾶς εἶμαι ὑπόχρεως.

Je vous suis bien redevable. — Σᾶς εἶμαι εὐγνώμων.

En vous remerciant. — Εὐχαριστῶ σας.

Je vous serai bien obligé. — Θέλω σᾶς γνωρίζει μεγάλην ὑποχρέωσιν.

Il n'y a pas de quoi. — Τίποτε, Κύριε.

Vous vous moquez. — Χωρατεύετε, ἀστεΐζεσθε.

Je vous donne trop de peine. — Πολλὴν ἐνόχλησιν σᾶς δίδω.

Vous prenez bien de la peine. — Σᾶς δίδω μεγάλον κόπον.

Je suis fâché de vous donner tant de peine. — Μὲ κακοφαίνεται διὰ τὸν κόπον ὁποῦ σᾶς δίδω.

La peine n'est rien. — Καλὲ, τίποτε δὲν εἶναι.

Cela ne vaut pas la peine d'en parler. — Οὔτε κἂν λόγου ἄξιον ὑπάρχει.

Ne parlez pas de cela. — Μὴ μὲ τὸ ἀναφέρετε.

Vous avez bien de la bonté. — Εἶσθε πολὺ καλὸς, Κύριε.

AFFIRMER ET NIER.

ΚΑΤΑΦΡΑΣΕΙΣ ΚΑΙ ΑΠΑΡΝΗΣΕΙΣ.

Je m'en vais vous dire.	Νὰ σᾶς εἴπω κἄτι.
Je vous assure que...	Σᾶς βεβαιῶ ὅτι...
Je vous promets que...	Σᾶς ὑπόσχομαι ὅτι..., σᾶς τάζω ὅτι...
Je vous le garantis.	Σᾶς τὸ ἐγγυοῦμαι.
Je puis vous en assurer.	Δύναμαι νὰ σᾶς τὸ βεβαιώσω.
C'est tout ce que je puis vous dire.	Τοῦτο μόνον ἐμπορῶ νὰ σᾶς εἴπω.
Comptez sur ce que je vous dis.	Βάλλετε βάσιν εἰς τοὺς λόγους μου.
Je vous jure que...	Σᾶς ὀμνύω ὅτι...
Je dis que oui.	Σᾶς λέγω ναὶ, εἶμαι μὲ τὴν γνώμην σας.
Je dis que non.	Σᾶς λέγω τὸ ἐναντίον.
Je soutiens que... [oui.	Διϊσχυρίζομαι ὅτι...
Je le suppose, je suppose que	Ἔτσι νομίζω.
Je ne le suppose pas.	Δὲν στοχάζομαι ὅτι εἶναι ἔτσι.
J'imagine que oui.	Φαντάζομαι τοιουτοτρόπως.
J'imagine que non.	Δὲν φαντάζομαι οὕτως.

Vous pouvez bien penser que...	Ἐμπορεῖτε νὰ στοχασθῆτε ὅτι...
Vous pensez bien que...	Νομίζεις εὐκόλως ὅτι...
Le pensez-vous ?	Νομίζετε ;
Je le pense.	Νομίζω.
Je ne le pense pas.	Δὲν τὸ στοχάζομαι.
Il faut que vous sachiez.	Πρέπει νὰ ἐξεύρητε ὅτι...
Il est bon de vous dire que...	Πρέπει νὰ σᾶς εἴπω ὅτι...
J'ai quelque idée que...	Ἔχω μίαν ἰδέαν ὅτι...
Je suis tenté de croire...	Κλίνω εἰς τὸ νὰ πιστεύσω...
Je présume que oui.	Συμπεραίνω ὅτι εἶναι ἔτσι.
Que voulez-vous dire ?	Τί θέλετε νὰ εἰπῆτε ; τί ἐν- νοεῖτε ;
Je ne sais ce que vous vou- lez dire.	Δὲν ἐξεύρω τί ἐννοεῖτε.
Est-il certain que...?	Εἶναι βέβαιον ὅτι...;
Est-il vrai que...? [certain.	Εἶναι ἀληθὲς ὅτι...;
Oui, cela est vrai, cela est	Ναὶ, ἀληθὲς, βέβαιον.
C'est un fait.	Τῷ ὄντι.
Êtes-vous sûr de ce que vous dites?	Εἶσθε βέβαιος περὶ ὅσων λα- λεῖτε;

Croiriez-vous bien que…?	Καλὲ καὶ πιστεύετε ὅτι…;
Je le croirais bien.	Τὸ πιστεύω, διὰ τί ὄχι;
Le croyez-vous?	Τὸ πιστεύετε;
Je le crois.	Τὸ πιστεύω.
Je n'en crois rien.	Δὲν πιστεύω τίποτε ἀπὸ ταῦτα.
Je crois que oui.	Ἔτσι στοχάζομαι.
Je crois que non.	Δὲν νομίζω.
Je n'en doute pas.	Δὲν ἀμφιβάλλω.
En êtes-vous sûr?	Εἶσθε βέβαιος κατὰ τοῦτο;
J'en suis bien sûr.	Βεβαιότατος.
J'en suis certain.	Εἶμαι πεπεισμένος.
Rien n'est plus certain.	Μηδὲν τούτου βεβαιότερον.
Je vous en réponds.	Σᾶς δίδω τὸν λόγον μου.
Je ne le crois pas.	Δὲν τὸ πιστεύω.
J'ai peine à le croire.	Δυσκολεύομαι νὰ τὸ πιστεύσω.
Vous pouvez me croire.	Ἐμπορεῖτε νὰ μὲ πιστεύσητε.
Cela ne peut pas être vrai.	Δὲν δύναται νὰ ἦναι ἀληθές.
C'est une histoire.	Κουροφέξαλα, φαντασιοκοπήματα.
Je vous donne ma parole que…	Σᾶς δίδω τὸν λόγον μου ὅτι…

Sur mon honneur.	Εἰς τὴν τιμήν μου.
Sur ma parole d'honneur.	Εἰς τὸν λόγον τῆς τιμῆς μου.

EXPRESSIONS DE SUR-PRISE.	ΘΑΥΜΑΣΤΙΚΑ.
Quoi!	Τί ! πῶς !
Bon! vraiment !	Ἀλήθεια ! ἀληθεύει !
En vérité !	Τῷ ὄντι !
Oui dà!	Ἔτσι !
Non !	Ὄχι ! ὄσκε !
Se peut-il! est-il possible! serait-il possible!	Εἶναι δυνατόν ! εἶναι τῷ ὄντι !
Comment cela se peut-il?	Πῶς δύναται ;
Comment cela se peut-il faire ?	Πῶς ἐμπορεῖ νὰ γίνη τοῦτο ;
Cela est impossible.	Ἀδύνατον εἶναι.
Cela ne se peut pas.	Δὲν ἐμπορεῖ νὰ γίνη τοῦτο.
J'en suis surpris.	Ἀπορῶ τῷ ὄντι.
J'en suis bien étonné.	Θαυμάζω, ἐξίσταμαι.
Vous me surprenez.	Μὲ λωλαίνεις.
Cela m'étonne beaucoup.	Ἀξιοθαύμαστον τοῦτο.

Je m'en étonne.	Θαυμάζω εἰς τοῦτο.
Ceci est bien étonnant.	Πολὺ θαυμαστὸν εἶναι τῷ ὄντι.
Cela est inconcevable.	Ἀκατανόητον τὸ τοιοῦτον.
C'est une chose inouïe.	Πρᾶγμα ἀνήκουστον.
Cela est bien étrange !	Παράδοξον πρᾶγμα !
Voilà une affaire bien étrange!	Μέγα θαῦμα !

— —

LA PROBABILITÉ.   Η ΠΙΘΑΝΟΤΗΣ.

Cela est probable.	Πιθανὸν τοῦτο.
Cela est vraisemblable.	Ἐνδέχεται.
Cela n'est pas improbable.	Δὲν εἶναι ἀπίθανον.
Cela est plus que probable.	Πιθανώτατον εἶναι.
Il n'y a rien d'impossible à cela.	Πῶς ἐμπορεῖ νὰ μὴν ἦναι ;
Cela est très-possible.	Πολὺ ἐνδεχόμενον εἶναι.
Cela se peut.	Ἐμπορεῖ.
Je n'en suis pas étonné.	Δὲν θαυμάζω.
Cela ne m'étonne pas.	Δὲν ἐκπλήττομαι, δὲν ἐξιππάζομαι.
Cela n'est pas surprenant.	Δὲν εἶναι παράξενον.

Il n'y a rien d'étonnant.	Δὲν εἶναι παράδοξον.
Vous ne m'étonnez pas.	Δὲν μ' ἐκπλήττετε.
Je ne m'en étonne pas.	Δὲν παραξενεύομαι.
Je n'en serais pas étonné.	Δὲν ἤθελα ἀπορήσει.
Cela ne me surprendrait pas.	Δὲν ἤθελε μὲ φανῇ παράξενον.
Cela est tout simple.	Προφανέστατον τοῦτο.
Cela va sans dire.	Τοῦτο εἶναι ἑπόμενον, φυσικῷ τῷ λόγῳ.
Cela s'entend.	Ἐννοεῖται.

L'AFFLICTION.

Η ΛΥΠΗ.

J'en suis fâché.	Μὲ κακοφαίνεται.
J'en suis bien fâché.	Πολὺ μὲ κακοφαίνεται.
J'en suis on ne peut plus fâché.	Μὲ δυσαρεστεῖ τὰ μέγιστα πικραίνομαι.
J'en suis inconsolable.	Εἶμαι ἀπαρηγόρητος.
Cela me désespère.	Τοῦτο μὲ φέρει εἰς ἀπελπισίαν.
J'en suis désolé, j'en suis désespéré, j'en suis au désespoir.	Μὲ λυπεῖ καθ' ὑπερβολὴν ὑπερμέτρως μὲ θλίβει.
Quel dommage !	Κρίμα !

C'est bien dommage!	Τί ἁμαρτία!
Cela est bien fâcheux.	Λυπηρὸν τοῦτο.
Cela est bien triste.	Τραγικὸν πρᾶγμα.
Cela est bien désobligeant.	Λύπης πρόξενον, θλιβερὸν τοῦτο.
Cela est bien désagréable.	Δυσάρεστον εἶναι τοῦτο.
Cela est bien piquant.	Πειράζει πολύ.
Cela est bien dur.	Εἶναι πολὺ σκληρόν.
Cela est bien cruel.	Εἶναι ἀπάνθρωπον.
Cela fait trembler.	Φρικτὸν πρᾶγμα.
Cela est bien malheureux.	Κακορρίζικον εἶναι.
C'est un grand malheur.	Μεγάλη δυστυχία.
Cela est épouvantable.	Εἶναι φοβερόν.

LE REPROCHE. Η ΕΠΙΠΛΗΞΙΣ.

Fi! fi donc!	Εὐοῖ! ἐντροπή!
N'êtes-vous pas honteux?	Δὲν αἰσχύνεσθε!
Vous devriez être honteux.	Ἔπρεπε νὰ ἐντραπῆτε.
Vous me faites honte.	Μὲ προξενεῖτε ὄνειδος.
Quelle honte!	Τί αἶσχος!
C'est honteux.	Ἐντροπὴ εἶναι, αἰσχρόν ἐστι.

Cela est bien mal.	Ἄσχημον εἶναι.
Que cela est vilain !	Πόσον εἶναι κακόν !
Cela est bien méchant.	Εἶναι ἀχρεῖον.
C'est abominable.	Εἶναι βδελυκτόν.
Comment pouvez-vous être si méchant ?	Πῶς εἶσαι τόσον κακότραπος ;
Comment avez-vous pu faire cela?	Πῶς σὲ ἦλθέ νὰ τὸ κάμῃς ;
Vous êtes bien méchant.	Πολὺ κακὸς εἶσαι.
Pourquoi avez-vous fait cela?	Διατί τὸ ἔκαμες ;
C'est être bien méchant.	Κακῶς καμωμένον.
Il faut être bien méchant.	Ἀποτέλεσμα μεγάλης κακίας.
Cela est bien mal à vous.	Τοῦτο δὲν σὲ κάμνει τιμήν.
Vous êtes bien à blâmer.	Εἶσαι πολὺ ἀξιόμεμπτος.
Vous avez bien tort.	Ἔχετε πολὺ ἄδικον.
Comment osez-vous bien faire cela? [bout.	Πῶς τολμᾷς τὸ τοιοῦτον ;
Vous mettez ma patience à	Δὲν σὲ ὑποφέρω πλέον.
La patience m'échappe.	Ἔχασα τὴν ὑπομονήν.
Je ne suis pas content de vous.	Δὲν μ' εὐχαριστεῖς διόλου.

Je ne serai pas content.	Θὰ κακοκαρδίσω, θὰ δυσαρε- στηθῶ.
Je serai bien mécontent.	Θὰ θυμώσω, θὰ συγχισθῶ.
Tenez-vous tranquille.	Ἡσυχάσατε, φρόνιμα.
Finissez.	Παύσατε.
Finissez, vous dis-je.	Σᾶς λέγω, παύσατε.
Ne pouvez-vous pas vous te- nir en repos?	Δὲν ἐμπορεῖτε νὰ ἡσυχάσητε;
Je vous préviens que...	Σᾶς προλέγω ὅτι...
Je vous en avertis.	Ἄκουε τί σε λέγω.
Je ne veux pas cela.	Δὲν θέλω τοῦτό.
Je ne souffrirai pas cela.	Δὲν θέλω τὸ ὑποφέρει.
Je le veux.	Τὸ θέλω.
Je le veux absolument.	Χωρὶς ἄλλο τὸ θέλω.
N'y retombez pas davantage.	Μὴ τὸ ξανακάμῃς.
Point d'impertinence.	Μὴν ἦσαι αὐθάδης.
Silence!	Σιωπὴ, ἡσυχία.
Taisez-vous.	Σιώπησον.
Point tant de raisons.	Δὲν θέλω δικαιολογήματα.
Ne répliquez pas.	Μὴν ἀντιλέγῃς, μὴ δίδῃς ἀπο- κρίσεις.

Retirez-vous de devant mes yeux.	Φύγε ἀπ' ἐμπρός μου νὰ μὴ σὲ βλέπω.

—

LA COLÈRE.	Ο ΘΥΜΟΣ.
Je suis bien en colère.	Εἶμαι πολὺ θυμωμένος.
Je ne suis pas de bonne humeur.	Δὲν εἶμαι 'ς τὰ καλά μου.
Je suis d'une humeur affreuse.	Εἶμαι μανισμένος, εἶμαι χολοσκασμένος.
Je suis d'une humeur massacrante.	Εἶμαι εἰς ἄκρον παρωργισμένος.
Je suis piqué.	Πειραγμένος εἶμαι.
Je suis piqué au dernier point.	Κατάκαρδα ἐπειράχθην.
Je suis outré.	Πνέω ὅλος θυμόν.
Je suis d'une colère épouvantable.	Εἶμαι εἰς ἄκρον ἀγανακτημένος.
J'en suis furieux.	Λωλάδα μοῦ κτυπᾷ.
Je ne me possède pas de colère.	Ὁ θυμὸς μ' ἐκυρίευσεν ὅλον.

—

LA JOIE. — Η ΧΑΡΑ.

Je suis bien aise, je suis content. — Χαίρω, χαίρω κατὰ πολλά.

Je suis charmé, je suis enchanté, je suis ravi. — Ἔχω εὐχαρίστησιν, εὐφραίνομαι, θέλγομαι.

Je suis enchanté, je suis bien charmé. — Ἔχω μεγάλην εὐχαρίστησιν.

J'en suis fort aise. — Χαίρω καθ' ὑπερβολήν.

J'en ai bien de la joie. — Μὲ χαροποιεῖ μεγάλως.

J'en ressens la plus grande satisfaction. — Μοὶ προξενεῖ μεγάλην χαρὰν ἡ εἴδησις, χαίρω ν' ἀκούω.

Cela me fait le plus grand plaisir. — Πολλὴν ἡδονὴν λαμβάνω.

Je vous félicite. — Σᾶς μακαρίζω, σᾶς εὐδαιμονίζω, νὰ χαίρησθε.

Je vous fais mon compliment. — Σᾶς συγχαίρω.

Voulez-vous bien recevoir mon compliment? — Μὲ δίδετε τὴν ἄδειαν νὰ σᾶς συγχαρῶ;

—

CONSULTATION. — ΣΥΜΒΟΥΛΙΟΝ.

Que faire? — Τί νὰ κάμῃ τις; τί ποιητέον;

Quel parti prendre?	Τίνα δρόμον νὰ λάβωμεν;
Quel parti avons-nous à 'prendre?	Τί ν' ἀποφασίσωμεν; [νέσθαι;
Que ferons-nous?	Τί νὰ κάμωμεν; τί μέλλει γε-
Que nous reste-t-il à faire ?	Τί μᾶς μένει νὰ πράξωμεν;
Voyons.	Ἂς ἴδωμεν.
Il faut nous résoudre à quel- que chose.	Ἢ οὕτως ἢ ἄλλως πρέπει ν' ἀποφασίσωμεν.
Je suis embarrassé.	Εἶμαι εἰς ἀπορίαν, ἀμηχανῶ.
Je ne sais que faire.	Δὲν ἐξεύρω τί νὰ κάμω.
Nous sommes dans un cas bien embarrassant.	Εὑρισκόμεθα εἰς ἀμηχανίαν με- γάλην.
Cela est bien embarrassant.	Δυσφόρητον (ἐπαχθὲς) τοῦτο.
Je suis d'avis...	Ἐγὼ νομίζω, εἶμαι τῆς γνώ- μης...
Ne croyez-vous pas...?	Δὲν στοχάζεσθε...;
Si j'étais vous.	Ἂν ἤμην σεῖς.
Si j'étais à votre place.	Ἂν ἤμην ἐγὼ εἰς τὸν τόπον σας.
Je vous conseille...	Σᾶς συμβουλεύω.
Mon avis est que...	Ἐγὼ εἶμαι τῆς ἰδέας ὅτι...

Si vous m'en croyez.	Ἐὰν μὲ ἀκούητε, ἐὰν δέχησθε τὴν συμβουλήν μου.
Il me vient une idée.	Μὲ ἦλθεν ἰδέα.
J'ai pensé à une chose.	Ἐστοχάσθην κάτι τι.
Il m'est venu une pensée.	Μὲ ἦλθε εἰς τὸν νοῦν.
Laissez-moi faire.	Ἀφῆτε τὸ πρᾶγμα ἐπάνω μου.
Faisons une chose.	Ἂς κάμωμεν ἕνα πρᾶγμα.
J'ai changé d'avis.	Ἤλλαξα γνώμην.
Faisons autrement.	Ἀλλέως ἂς κάμωμεν.
Prenons-nous-y autrement.	Ἂς φερθῶμεν διαφορετικά.
Qu'en pensez-vous?	Πῶς στοχάζεσθε;
Je pense comme vous.	Φρονῶ καθὼς λέγετε.
C'est très-bien pensé.	Κάλλιστα τὸ ἐστοχάσθητε.
Voilà une excellente idée.	Θαυμασία ἰδέα.
Je suis de votre avis.	Εἶμαι σύμφωνος.
Faisons cela.	Ἂς κάμωμεν ἔτσι. [πος.
C'est le meilleur parti.	Αὐτὸς εἶναι ὁ καλήτερος τρό-
J'aimerais mieux.	Ἐπροτίμουν κάλλιον.
Ne vaudrait-il pas mieux...?	Δὲν ἦτο καλήτερον...;
C'est le mieux que nous puissions faire.	Εἶναι τὸ καλήτερον ὁποῦ ἐμποροῦμεν.

| C'est le seul parti que nous ayons à prendre. | Τοῦτο εἶναι τὸ μόνον μας κατα-φύγιον. |

BOIRE ET MANGER.	**ΦΑΓΟΠΟΤΙΟΝ.**
Avez-vous faim?	Πεινᾶτε ;
J'ai bon appétit.	Ἔχω πολλὴν ὄρεξιν.
J'ai bien faim.	Πολὺ πεινῶ.
Je mangerais bien un morceau.	Ἤθελα κᾷτι νὰ μασσήσω.
Mangez quelque chose.	Φᾶτε κᾷτι τι.
Que souhaitez-vous manger?	Τί ἐπιθυμεῖτε νὰ φᾶτε ;
Je mangerai la première chose venue.	Ὅ τι καὶ ἂν ἦναι.
Vous ne mangez pas.	Δὲν τρῶτε.
J'ai dîné d'un bon appétit.	Ἐγευμάτισα μὲ καλὴν ὄρεξιν.
Mangez encore un morceau.	Φᾶτε ὀλίγον ἀκόμη, ὁρίστε δά.
Je ne prendrai rien de plus.	Δὲν θέλω τίποτε πλέον.
N'avez-vous pas soif?	Δὲν διψᾶτε ;
J'ai bien soif.	Πολὺ διψῶ.
Buvons.	Ἂς πίωμεν.
Que voulez-vous boire?	Τί θέλετε νὰ πίητε ;

Voulez-vous prendre un verre de vin? — Πίνετε ὀλίγον χρασί;

Je boirais bien un verre de porter. — Πόρτερ ἔπινα χαλήτερα.

Buvez encore un verre de vin. [tre santé. — Πίετε ἀκόμη ἕνα χρασί.

J'ai l'honneur de boire à vo- — Εἰς ὑγείαν σας.

NOUVELLES.   ΕΙΔΗΣΕΙΣ.

Y a-t-il des nouvelles aujour-d'hui? — Τί νέα σήμερον;

Savez-vous des nouvelles? — Ἐξεύρετε τίποτε νεώτερον;

Que dit-on de bon? — Τί καλὰ λέγουν;

Quelles nouvelles nous ap-prendrez-vous? — Τί νεώτερα ἔχετε νὰ μᾶς εἰπῆτε;

Avez-vous quelque chose à nous apprendre? — Ἔχετε καμμίαν εἴδησιν;

N'avez-vous entendu parler de rien? — Δὲν ἐμάθετε τίποτε;

Que dit-on dans la ville? — Τί λόγος ᾄδεται. [σας;

Que dit-on de vos côtés? — Τί λέγεται εἰς τὴν γειτονείαν

Je ne sais rien de nouveau.	Δὲν ἐξεύρω τι νεώτερον.
Il n'y a point de nouvelles.	Δὲν ὑπάρχει τίποτε νεώτερον.
Je n'ai entendu parler de rien.	Δὲν ἔμαθα τίποτε.
Il y a de bonnes nouvelles.	Ἔχομεν καλὰς εἰδήσεις.
Il y a de mauvaises nouvelles.	Ἔχομεν κακὰς εἰδήσεις.
Voilà une bonne nouvelle.	Ἰδοὺ καλὴ εἴδησις.
Voilà une triste nouvelle.	Λυπηρὰ εἴδησις αὕτη.
J'ai entendu dire que…	Ἤκουσα ὅτι…
Je n'ai pas entendu parler de cela.	Δὲν γίνεται λόγος περὶ τούτου.
Avez-vous lu les papiers?	Ἀνεγνώσατε τὰς ἐφημερίδας;
Que disent les papiers?	Τί λέγουν αἱ ἐφημερίδες;
Je n'ai lu aucun papier aujourd'hui.	Δὲν ἀνέγνωσα σήμερον καμμίαν ἐφημερίδα.
Avez-vous vu cela dans quelque journal?	Τὸ ἴδετε εἰς καμμίαν ἐφημερίδα;
Non; c'est une lettre particulière qui l'annonce.	Ὄχι· γράμμα ἰδιαίτερον τὸ ἀναγγέλλει.
Dit-on qui a reçu cette lettre?	Καὶ ποῖος ἔλαβε τὸ γράμμα τοῦτο; λέγουν;

Oui ; on nomme la personne. C'est M. A...	Μάλιστα· τὸ ὑποκείμενον εἶναι γνωστόν. Εἶναι ὁ κ. Α...
On doute beaucoup de cette nouvelle.	Ἀμφιβάλλουν πολὺ περὶ τῆς ἀληθείας τούτου.
Comment le savez-vous ?	Πῶς τὸ ἐξεύρετε ;
De qui tenez-vous cette nouvelle ?	Πόθεν ἔχετε τὴν εἴδησιν ταύτην ;
Je tiens cette nouvelle de bonne part.	Ἔχω τὴν εἴδησιν ταύτην ἀπὸ μέρος ἀξιόπιστον.
Je l'ai de la première source.	Τὴν ἔχω ἀπὸ τὴν πηγὴν.
Je vous nomme mon auteur.	Ἐμπορῶ νὰ σᾶς εἴπω τίς ὁ φερέγγυος.
Cette nouvelle ne s'est pas confirmée.	Ἡ εἴδησις αὕτη δὲν ἐπεβεβαιώθη.
Ce bruit s'est trouvé faux.	Ἡ φήμη αὐτὴ ἀπεδείχθη ψευδὴς.
On ne parle plus de cette nouvelle.	Δὲν ὁμιλοῦν πλέον περὶ τῆς εἰδήσεως ταύτης.
Parle-t-on toujours de guerre? [paix ?	Ὁμιλοῦν ἔτι περὶ πολέμου ;
Croit-on que nous ayions la	Ἐλπίζεται ἡ εἰρήνη ;

Il n'y a pas d'apparence.	Δὲν ὑπάρχουσι φαινόμενα.
Avez-vous reçu des nouvelles de votre frère ?	Ἐλάβετε εἰδήσεις ἀπὸ τὸν ἀδελφόν σας ;
Combien y a-t-il qu'il ne vous a écrit ?	Ἀπὸ πότε ἔχει νὰ σᾶς γράψῃ ;
Il y a deux mois que je n'ai reçu de ses nouvelles.	Δύο μῆνας ἔχω νὰ λάβω γράμμα του.
Il y a trois semaines qu'il n'y écrit.	Τρεῖς ἑβδομάδας ἔχει νὰ μὲ γράψῃ.
J'attends une lettre de lui de jour en jour.	Ἀπὸ ἡμέρας εἰς ἡμέραν προσμένω γραφήν του.

ALLER ET VENIR. ΠΗΓΑΙΜΟΕΡΧΟΜΟΣ.

Où allez-vous ?	Ποῦ ὑπάγετε ;
Je vais à la maison.	Πηγαίνω εἰς τὸ σπίτι.
J'allais chez vous, je m'en allais chez vous.	Εἰς ἐσᾶς ἐπήγαινα.
D'où venez-vous ?	Πόθεν ἔρχεσθε ;
Je viens de chez mon frère.	Ἔρχομαι ἀπὸ τοῦ ἀδελφοῦ μου.
Je viens de l'église.	Ἔρχομαι ἀπὸ τὴν ἐκκλησίαν.

Voulez-vous venir avec moi ?	Θέλετε νὰ ἔλθητε μαζύ μου ;
Où voulez-vous aller ?	Ποῦ ἐπιθυμεῖτε νὰ ὑπάγητε ;
Nous irons faire un tour.	Νὰ ὑπάγωμεν νὰ κάμωμεν ἕνα περίπατον.
Je le veux bien, volontiers.	Μάλιστα, μετὰ πάσης χαρᾶς.
Par où irons-nous ? de quel côté irons-nous ?	Ἀπὸ ποῦ νὰ ὑπάγωμεν ;
Nous irons du côté que vous voudrez, nous irons par où vous voudrez.	Ἀπ' ὅπου θέλετε.
Allons au parc.	Ὑπάγωμεν εἰς τὸ περιβόλι.
Prenons votre frère en passant.	Νὰ περάσωμεν νὰ πάρωμεν καὶ τὸν ἀδελφόν σας.
Comme vous voudrez, comme il vous plaira.	Ὅπως θέλετε.
M. B... est-il à la maison ?	Εἶναι εἰς τὸ σπίτι ὁ κ. Β... ;
Il est sorti.	Ἐκβῆκε.
Il n'est pas à la maison.	Δὲν εἶναι εἰς τὸ σπίτι.
Pouvez-vous nous dire où il est allé ? [exactement.	Ἐμπορεῖτε νὰ μᾶς εἴπητε ποῦ ὑπῆγε ; [ρίζω.
Je ne saurais vous le dire	Ἀκριβῶς νὰ σᾶς εἴπω δὲν γνω-

Je crois qu'il est allé voir sa sœur. — Νομίζω ὅμως, ὅτι ὑπάγει πρὸς ἐπίσκεψιν τῆς ἀδελφῆς του.

Savez-vous quand il reviendra? — Ἐξεύρετε πότε ἐπιστρέφει;

Non ; il n'a rien dit en s'en allant. — Ὄχι · δὲν μᾶς εἶπε.

En ce cas-là, nous irons sans lui. — Τότε λοιπὸν πηγαίνωμεν μόνοι.

—

FAIRE DES QUESTIONS ET RÉPONDRE.

ΕΡΩΤΑΠΟΚΡΙΣΙΣ.

Approchez, j'ai quelque chose à vous dire. — Πλησιάσατε νὰ σᾶς εἴπω, ἐλᾶτε κοντὰ ν' ἀκούσητε.

J'ai un petit mot à vous dire. — Νὰ σᾶς εἴπω ἕνα λογάκι.

Écoutez-moi. — Ἄκουσόν με.

J'ai envie de vous parler. — Ἔχω νὰ σᾶς εἴπω, θέλω νὰ σᾶς 'πῶ.

Qu'y a-t-il pour votre service? qu'est-ce qu'il y a pour votre service? — Τί εἶναι; τί ἀγαπᾶτε; τί ὁρίζετε;

C'est à vous que je parle. — Ἐσένα λέγω.

Ce n'est pas à vous que je parle.   Δὲν λέγω τοῦ λόγου σας.

Qu'avez-vous dit?   Τί εἴπετε;

Je ne dis rien.   Τίποτε.

Je ne parle pas.   Ἐγὼ δὲν ὁμιλῶ.

Entendez-vous?   Ἀκούετε; ἐννοεῖτε;

Entendez-vous ce que je dis? me comprenez-vous?   Ἀκούεις τί λέγω; μ' ἐννοεῖς;

Je ne vous ai pas entendu, compris.   Δὲν σᾶς ἤκουσα, δὲν ἐκατά-λαβα.

Vous ne m'écoutez pas.   Ἀλλὰ σεῖς δὲν μοὶ δίδετε ἀκρόασιν.

M'entendez-vous mainte-nant?   Μ' ἀκούετε τώρα; μ' ἐννοεῖτε τώρα;

Je vous entends fort bien.   Μάλιστα ἤκουσα.

Comprenez-vous ce que je dis?   Καταλαμβάνετε τί λέγω;

Voulez-vous bien répéter?   Ἐπαναλάβετέ το σᾶς παρα-καλῶ; εἰπέτε το πάλιν πα-ρακαλῶ;

Je vous entends bien.   Σᾶς ἐννοῶ κάλλιστα.

Pourquoi ne me répondez-vous pas?	Διὰ τί δὲν μ' ἀποκρίνεσθε;
Ne parlez-vous pas français?	Δὲν ὁμιλεῖτε γαλλικά;
Bien peu, Monsieur.	Πολλὰ ὀλίγα, Κύριε.
Je l'entends un peu, mais je ne le parle pas.	Τὰ ἐννοῶ ὀλίγον, ἀλλὰ νὰ τὰ ὁμιλήσω δὲν ἐμπορῶ.
Parlez plus haut.	Ὁμιλήσατε δυνατώτερα.
Ne parlez pas si haut.	Μὴν ὁμιλῆτε τόσον δυνατά.
Ne faites point tant de bruit.	Μὴ κάμνητε τόσον θόρυβον.
Taisez-vous. [que...?	Σιωπήσατε.
Ne m'avez-vous pas dit	Δὲν μ' εἴπετε ὅτι...;
Qui vous a dit cela? qui est-ce qui vous a dit cela?	Ποῖος σᾶς τὸ εἶπε;
On me l'a dit.	Ἔτσι μ' εἶπαν.
Je l'ai entendu dire.	Τὸ ἤκουσα.
Que voulez-vous dire?	Τί θέλετε νὰ εἴπητε;
Qu'est-ce que cela veut dire?	Τί σημαίνει τοῦτο;
A quoi cela est-il bon? à quoi cela sert-il?	Πρὸς τί τοῦτο; εἰς τί χρησιμεύει;
Qu'est-ce que cela? qu'est-ce que c'est que cela?	Τί τοῦτο; τί εἶναι αὐτό;

7

Comment appelez-vous cela? Πῶς τὸ λέτε;

Comment cela s'appelle-t-il? Πῶς ὀνομάζεται;

On appelle cela... Τὸ ὀνομάζουν...

Cela s'appelle... Τὸ λέγουν...

C'est ce qu'on nomme... Τοῦτο λέγεται...

Puis-je vous demander? Ἐμπορῶ νὰ σᾶς ἐρωτήσω;

Oserais-je vous prier de...? Μὲ συγχωρεῖτε νὰ σᾶς παρακαλέσω...;

Que désirez-vous? que souhaitez-vous? Τί ἐπιθυμεῖτε; τί ὁρίζετε;

Connaissez-vous M. A...? Γνωρίζετε τὸν κύριον Α...;

Je le connais de vue. Τὸν γνωρίζω ἐξ ὄψεως.

Je le connais de nom. Τὸν γνωρίζω ἐξ ὀνόματος.

Savez-vous que...? Ἐξεύρετε ὅτι...;

Je ne savais pas. Δὲν τὸ ἤξευρα.

Pas que je sache. Τελείως δὲν μ' εἶναι γνωστόν.

Je n'ai point entendu parler de cela. Δὲν ἤκουσα ποτὲ τίποτε περὶ τούτου.

AGE.	HΛIKIA.
Quel âge avez-vous?	Πόσων ἐτῶν εἶσθε; ποίας ἡλικίας εἶσθέ;
Quel âge a monsieur votre frère?	Ποίαν ἡλικίαν ἔχει ὁ ἀδελφός σας;
J'ai douze ans.	Εἶμαι δώδεκα ἐτῶν.
J'ai bientôt quinze ans.	Εἶμαι κοντὰ δεκαπέντε χρόνων.
J'aurai seize ans le mois prochain.	Πατῶ εἰς τοὺς δεκαὲξ τὸν ἄλλον μῆνα.
J'aurai vingt ans à Noël prochain.	Τὰ Χριστούγεννα γίνομαι εἴκοσι χρόνων σωστά.
Vous ne paraissez pas si âgé.	Δὲν σᾶς φαίνεται διὰ τόσον.
Je vous croyais plus âgé.	Μεγαλήτερον σᾶς ἔκαμνα.
Je ne vous croyais pas si âgé.	Δὲν σᾶς ἔκαμνα διὰ τόσον.
Quel âge peut avoir votre oncle?	Τί ἡλικίας ἐμπορεῖ νὰ ἦναι ὁ θεῖός σας;
Il peut avoir soixante ans.	Πρέπει νὰ ἦναι ἑξηντάρης (ἑξηκοντούτης).
Il a à peu près soixante ans.	Ἑξῆντα χρόνων περίπου.
Il a plus de cinquante ans.	Ἐπέρασε τοὺς πενῆντα.

Il a plus de quatre-vingts ans.	Ἔχει παράνω τῶν ὀγδοήκοντα χρόνων.
Il a au moins soixante-dix ans.	Εἶναι τοὐλάχιστον ἑβδομηκον- τούτης.
C'est un grand âge.	Ἐγήρασε πλέον.
Est-il si âgé que cela ?	Εἶναι τόσον γέρων ;
Il commence à vieillir.	Ἤρχισε νὰ γηράσκῃ.
Il commence à tirer sur l'âge.	Ἔχει τοὺς χρόνους του.

L'HEURE.

Η ΩΡΑ.

Quelle heure est-il ?	Τί ὥρα εἶναι ;
Pouvez-vous me dire l'heure qu'il est ?	Ἐμπορεῖτε νὰ μὲ εἴπητε τί ὥρα εἶναι ;
Il est une heure.	Εἶναι μία ὥρα.
Il est une heure passée.	Εἶν' ἡ μία ὥρα περασμένη.
Il est une heure et un quart.	Εἶναι μία καὶ τέταρτον.
Il est une heure et demie.	Εἶναι μιάμιση.
Il est deux heures moins un quart.	Εἶναι δύο παρὰ τέταρτον.
Il est deux heures moins dix minutes.	Εἶναι δύο παρὰ δέκα.

Il n'est pas encore deux heures.	Δὲν εἶναι ἀκόμη σωσταὶ δύο.
Midi n'est pas sonné.	Δὲν ἐκτύπησε μεσημέρι.
Il est midi.	Εἶναι μεσημέρι.
Il est minuit.	Εἶναι μεσάνυχτα.
Il n'est pas tard.	Δὲν εἶναι ἀργά.
Il est plus tard que je ne pensais.	Δὲν ἐπίστευα νὰ ἦναι τόσον ἀργά.

—   —

LE TEMPS.   Ο ΚΑΙΡΟΣ.

Quel temps fait-il?	Τί καιρὸς εἶναι;
Quelle sorte de temps fait-il?	Τί καιρὸν ἔχομεν;
Il fait mauvais temps.	Εἶναι κακοκαιρία.
Il fait un temps couvert.	Εἶναι συνεφειά.
Il fait un temps bien sombre.	Εἶναι μελαγχολικὸς καιρός.
Il fait un temps affreux.	Εἶναι θυελλώδης ὁ καιρός.
Il fait un temps superbe.	Ὁ καιρὸς εἶναι ὡραιότατος.
Nous aurons une belle journée.	Θὰ ἔχωμεν λαμπρὰν ἡμέραν.
Il fait de la rosée.	Κάμνει δροσιά.
Il fait du brouillard.	Εἶναι ὁμίχλη.

Il fait un temps pluvieux.	Ὁ χαιρὸς εἶναι 'ς τὴν βροχήν.
Le ciel se couvre.	Ἐσυννέφιασε.
Le ciel se noircit.	Ἐμαύρισεν ὁ οὐρανός.
Le soleil commence à se montrer.	Ὁ ἥλιος ἤρχισε νὰ βγαίνῃ.
Le temps se rassure, se met au beau.	Ὁ χαιρὸς καλλιτερεύει, ἀνοίγει ὅσον πάγει ἡ ἡμέρα.
Le temps a l'air de vouloir se méttre au beau.	Ὁ χαιρὸς θ' ἀνοίξῃ, 'μοιάζει.
Le temps est remis.	Ὁ χαιρὸς ἤνοιξεν.
Il fait bien chaud.	Εἶναι πολλὴ ζέστη.
Il fait une chaleur étouffante.	Πνιγηρὰ ζέστη.
Il fait bien doux.	Ἐμαλάχωσεν ὁ χαιρός.
Il fait froid.	Κάμνει ψύχραν, εἶναι χρύον.
Il fait un froid excessif.	Εἶναι ὑπερβολικὴ ψύχρα.
Il fait un temps gris.	Ὁ χαιρὸς εἶναι ψυχρὸς ἐν ταὐτῷ καὶ ὑγρός.
Il pleut.	Βρέχει, νά! βροχή.
La pluie tombe à verse.	Ῥαγδαία βροχή.
Il tombe de la pluie à verse.	Βρέχει ῥαγδαίως, βρέχει σιτζῆμι.

Il a plu, il a tombé de la pluie.	Ἔβρεξε, ἔκαμε βροχήν.
Il va pleuvoir.	Θὰ βρέξῃ.
Il tombe des gouttes de pluie.	Ψιχαλίζει.
Il grêle.	Χάλαζα πίπτει.
Il neige.	Χιονίζει.
Il a neigé.	Ἐχιόνισε.
Il gèle.	Κάμνει παγετόν.
Il a gelé.	Ἐπάγωσε, ἔκαμε κρυστάλι.
Il dégèle, voici le dégel.	Ἡ χιὼν ἀναλύει, ἐκλείπει ὁ παγετός. [λὺν ἀέρα.
Il fait bien du vent.	Πολὺς ἄνεμος φυσᾷ, ἔχει πο-
Il éclaire.	Ἀστράπτει.
Il a éclairé toute la nuit.	Ὅλην νύκτα ἤστραπτε.
Il tonne.	Βροντᾷ.
Le tonnerre gronde.	Μπουμπουνίζει.
Le tonnerre est tombé, la foudre est tombée.	Κεραυνὸς ἔπεσεν, ἔπεσεν ἀστροπελέκι.
Il a tonné toute la journée.	Ὅλην τὴν ἡμέραν ἐβροντοῦσεν.
Nous aurons de l'orage.	Θὰ ἔχωμεν τρικυμίαν, φουρτοῦνα θὰ γίνῃ.

Le ciel commence à s'éclair-cir.	Ὁ οὐρανὸς ἀρχίζει νὰ καθαρίζηται.
Le temps est bien variable.	Ὁ καιρὸς εἶναι ἀσταθής, εὐμετάβλητος καιρός.
Il fait bien de la crotte.	Ἔχει πολλὴν λάσπην.
Il fait bien de la poussière.	Ἔχει πολὺν κονιορτόν.
Il fait bien glissant.	Εἶναι μεγάλη γλίστρα.
Il fait jour.	Ἐξημέρωσεν.
Il fait sombre.	Ἐσκοτείνιασεν.
Il fait nuit.	Ἐνύχτωσεν, ἐβράδυασεν.
Il fait une belle nuit.	Εἶναι ἐξαστεριά.
Il fait une nuit obscure.	Νύκτα πίσσα, ζοφερὰ νύξ.
Il fait clair de lune.	Εἶναι φεγγάρι.
Croyez-vous qu'il fasse beau temps ?	Νομίζετε νὰ κάμῃ καλὸν καιρόν ;
Je ne crois pas qu'il pleuve.	Δὲν πιστεύω νὰ βρέξῃ.
J'ai peur qu'il ne pleuve.	Φοβοῦμαι πῶς θὰ βρέξῃ.
Je le crains.	Τὸ φοβοῦμαι.

IIIᵉ PARTIE.	ΜΕΡΟΣ Γ΄.
DIALOGUE 1ᵉʳ.	Διάλογος α΄.
LA SALUTATION.	ΧΑΙΡΕΤΙΣΜΟΣ.

Bonjour, Monsieur.	Καλὴ ἡμέρα σας, Κύριε.
Je vous souhaite le bonjour.	Σᾶς εὔχομαι καλὴν ἡμέραν.
Comment vous portez-vous ce matin?	Πῶς εἶσθε σήμερον;
Votre santé est toujours bonne?	Ἔχει καλῶς τὰ τῆς ὑγίας σας;
Assez bonne, et la vôtre?	Κάλλιστα· καὶ ἡ εὐγενεία σας πῶς ἔχετε;
Fort bien, et vous-même?	Πολλὰ καλά, καὶ τοῦ λόγου σας;
Comment vous êtes-vous porté depuis que je n'ai eu le plaisir de vous voir?	Πῶς ἐπεράσατε ἀφ' ὅτου δὲν εἶχον τὴν εὐχαρίστησιν τοῦ νὰ σᾶς ἴδω;
J'espère que je vous trouve en bonne santé.	Ἐλπίζω νὰ ἦσθε ἐντελῶς ὑγιής.
Je me porte à merveille.	Εὑρίσκομαι ἐξαίρετα.
Le mieux du monde.	Ὅσον δίδεται καλά.

Et vous, comment cela va-t-il ?	Σεῖς δὲ πῶς περνᾶτε ;
Assez bien, Dieu merci.	Ἀρκετὰ καλὰ, χάρις τῷ Θεῷ.
A mon ordinaire.	Κατὰ τὸ σύνηθες.
Je suis ravi de vous voir en bonne santé.	Χαίρω ὅτ᾽ εἶσθε καλά.

DIALOGUE II. LA VISITE.	Διάλογος β΄. ΕΠΙΣΚΕΨΙΣ.
Quelqu'un frappe.	Κάποιος κτυπᾷ τὴν πόρταν, τὴν θύραν κρούουν.
Allez voir qui c'est.	Ἰδὲ ποῖος εἶναι.
Allez ouvrir la porte.	Ἄμε ν᾽ ἀνοίξῃς τὴν πόρταν.
C'est Madame B...	Εἶναι ἡ κυρία Β...
Je vous souhaite le bonjour.	Καλ᾽ ἡμέρα σας.
Je suis charmé de vous voir.	Καλῶς ὡρίσατε.
C'est nouveauté que de vous voir.	Πῶς ἦτο δὰ καὶ ἐκοπιάσατε ;
Vous devenez rare comme les beaux jours.	Ἀκριβοθεώρητη.
Asseyez-vous, je vous prie.	Καθήσατε παρακαλῶ.

Faites-moi le plaisir de vous asseoir.	Λάβετε παρακαλῶ κάθισμα.
Ne voulez-vous pas vous asseoir?	Δὲν κάθησθε καλέ;
Donnez une chaise à Madame.	Δὸς μίαν καθέκλαν εἰς τὴν κυρίαν...
Voulez-vous rester à dîner avec nous?	Μένετε νὰ συγγευματίσωμεν; [νὰ μείνω.
Je ne peux pas rester.	Σᾶς εὐχαριστῶ, δὲν ἐμπορῶ
Je ne suis entrée que pour savoir comment vous vous portiez.	Ἐμβῆκα μόνον νὰ σᾶς ἴδω τί κάμνετε.
Il faut que je m'en aille.	Πρέπει ν' ἀναχωρήσω.
Vous êtes bien pressée!	Πολὺ βιάζεσθε!
Pourquoi êtes-vous si pressée?	Διατὶ τόσον βιαστική;
J'ai bien des choses à faire.	Ἔχω πολλαῖς δουλειαῖς.
Vous pouvez bien rester encore un moment.	Καθήσατε δὰ κομμάτ' ἀκόμη.
J'ai à aller en différents endroits.	Ἔχω νὰ ὑπάγω εἰς πολλὰ μέρη.

Je resterai plus longtemps une autre fois.

Ἄλλοτε μένω περισσότερον.

Je vous remercie de votre visite.

Σᾶς εὐχαριστῶ διὰ τὴν ἐπίσκεψίν σας.

J'espère que je vous reverrai bientôt.

Νὰ σᾶς βλέπωμεν δά.

———

DIALOGUE III.

Διάλογος γ΄.

AVANT LE DINER.

ΠΡΟ ΤΟΥ ΓΕΥΜΑΤΟΣ.

A quelle heure dînons-nous aujourd'hui?

Τί ὥραν γευματίζομεν σήμερον;

Nous devons dîner à quatre heures.

Εἰς τὰς τέσσαρας ὥρας θὰ γευματίσωμεν.

Nous ne dînerons pas avant cinq heures.

Δὲν γευματίζομεν πρὶν τῶν πέντε.

Aurons-nous quelqu'un à dîner aujourd'hui?

Θὰ ἔχωμεν κανένα μουσαφήρην σήμερον;

J'attends M. B...

Προσμένω τὸν κύριον Β...

M. D... a promis de venir, si le temps le permet.

Ὁ κύριος Δ... ὑπεσχέθη νὰ ἔλθη, ἐὰν ὁ καιρὸς τὸ ἐπιτρέψῃ.

Avez-vous donné des ordres pour le dîner?	Ἐδιορίσατε διὰ τὸ γεῦμα ;
Qu'est-ce que nous aurons pour notre dîner?	Τί γεῦμα θὰ ἔχωμεν ;
Avez-vous envoyé acheter du poisson ? [son.	Ἐστείλατε διὰ ὀψάρι ;
Je n'ai pas pu avoir de pois-	Δὲν εὑρῆκα ὀψάρι.
Il n'y avait pas un poisson au marché.	Δὲν εἶχεν ὀψάρι σήμερον, δὲν ἔφεραν ὀψάρια σήμερον.
J'ai peur que nous n'ayons un assez mauvais dîner.	Φοβοῦμαι ὅτι τὸ γεῦμά μας θὰ ἦναι κακορίζικον.
Il faudra faire comme nous pourrons.	Θὰ περάσωμεν ὅπως ἐμποροῦμεν.

— —

DIALOGUE IV.
LE DINER.

Διάλογος δ΄.
ΤΟ ΓΕΥΜΑ.

Que vous servirai-je ?	Τί ἀγαπᾶτε νὰ σᾶς προσφέρω ;
Prendrez-vous de la soupe ?	Ὁρίζετε σοῦπαν ; ἐπιθυμεῖτε ζωμόν ;
Je vous rends grâces. Je demanderai un peu de bœuf.	Σᾶς εὐχαριστῶ. Ὀλίγον βραστὸν παρακαλῶ, ἂν ἀγαπᾶτε.

8

Il a si bonne mine!	Φαίνεται πολὺ εὔμορφον.
Voulez-vous du plus cuit, ou du moins cuit?	Θέλετε ἀπὸ τὸ πολὺ βρασμέ-νον, ἢ ἀγαπᾶτε νὰ ἦναι ὀλί-γον ἄβραστον;
Du plus cuit, s'il vous plaît.	Ἀπὸ τὸ πλέον ψημένον, ἂν ἀγαπᾶτε.
Du moins cuit, s'il vous plaît.	Νὰ ἦναι ὀλίγον ὠμὸν, ἂν ὁρί-ζητε.
Vous ai-je servi selon votre goût?	Σᾶς ἐδούλευσα κατὰ τὴν ἀρέ-σκειάν σας;
J'espère que ce morceau est à votre goût.	Ἐλπίζω νὰ σᾶς ἀρέσῃ αὐτὸ τὸ κομμάτι.
Il est excellent.	Εἶναι ἐξαίρετον.
Maintenant, je vais vous en-voyer un morceau de ce pâté.	Τώρα σᾶς στέλλω καὶ κομμάτι ἀπὸ τοῦτον τὸν πλακοῦντα.
Je prendrai par préférence un morceau de ce boudin.	Ἐπροτίμουν κάλλιον ὀλίγην μπουτίγκαν (καρύκην).
Prenez plutôt un morceau de l'un et de l'autre.	Λάβετε κάλλιον καὶ ἐκ τῶν δύω ἀπ᾽ ὀλίγον.

DIALOGUE V.   Διάλογος έ.

MÊME SUJET.   ΕΙΣ ΤΗΝ ΤΡΑΠΕΖΑΝ.

Vous présenterai-je un morceau de ceci?   Νὰ σᾶς δώσω κομμάτι ἀπ᾽ αὐτό;

Permettez-moi de vous servir un morceau de ceci.   Ἀφήσατε νὰ σᾶς προσφέρω κομμάτι ἀπὸ τοῦτο.

Vous enverrai-je une tranche de ce gigot?   Νὰ σᾶς κόψω μίαν φέταν ἀπὸ αὐτὸν τὸν μηρόν;

Il paraît excellent.   Φαίνεται ὡραῖος.   [μάτος.

Il est fort succulent.   Ἔχει πολὺν χυμὸν, εἶναι ζου-

Vous n'avez pas mangé de boudin.   Δὲν ἐφάγετε μπουτίγκαν (καρύκην).

Vous en servirai-je?   Νὰ σᾶς προσφέρω ὀλίγον;

Je vous en demanderai un très-petit morceau, justement pour en goûter.   Πολλὰ ὀλίγον σᾶς παρακαλῶ ὅσον μόνον διὰ νὰ τὴν γευθῶ.

Ne m'en donnez que bien peu.   Δότε μοι πολλὰ ὀλίγον.

Vous ne mangez rien.   Δὲν τρῶτε τίποτε.

Je vous demande pardon, je mange fort bien.   Μὲ συγχωρεῖτε, τρώγω μάλιστα παραπολύ.

Je fais honneur à votre dîner. Νομίζω ὅτι ἐτίμησα ἀρχούντως τὰ φαγητά σας.

———

DIALOGUE VI.
LE SOUPER.

Διάλογος ς΄.
ΤΟ ΔΕΙΠΝΟΝ.

Voulez-vous rester à souper avec nous ?

Μένετε νὰ δειπνήσωμεν μαζύ ;

Soupez avec nous sans cérémonie.

Δειπνήσατε μαζύ μας ἀδιαφόρως.

Je vous suis obligé, mais j'ai peur qu'il ne soit trop tard.

Σᾶς εἶμαι ὑπόχρεως, πλὴν φοβοῦμαι μήπως ἀργήσω.

Nous souperons sur-le-champ.

Εὐθὺς τώρα θέλομεν δειπνήσει.

Je vous prie, n'ordonnez rien exprès pour moi.

Σᾶς παρακαλῶ μὴ διορίσητε τί ποτε περισσότερον δι᾽ ἐμὲ.

Du pain et du fromage suffiront.

Ὀλίγον ψωμὶ καὶ τυρὶ θέλουν εἶσθαι ἀρκετά.

Nous aurons justement un peu de viande froide, avec quelques huîtres.

Μόνον ὀλίγον κρύον κρέας θὰ ἔχωμεν καὶ μερικὰ στρίδια.

Aimez-vous les huîtres?.	Σᾶς ἀρέσκουν τὰ στρίδια ;
Je les aime beaucoup.	Μάλιστα πολὺ τ᾽ ἀγαπῶ, τὰ ὑπεραγαπῶ.
Je vais en envoyer chercher, et nous souperons aussi-tôt.	Νὰ στείλω διὰ ὀλίγα, καὶ ἀμέ-σως ἔπειτα δειπνοῦμεν.
Voici du jambon et du bœuf froid. Que vous présente-rai-je d'abord?	Ἔχω ἐδῶ χοιρομέρι καὶ κρύον ψητόν. Ἀπὸ ποῖον νὰ σᾶς προσφέρω πρῶτον ;
Je mangerai quelques huî-tres.	Θὰ φάγω ὀλίγα στρίδια.
Comment les trouvez-vous?	Πῶς σᾶς φαίνονται ;
Sont-elles bien fraîches ?	Εἶναι φρέσκα ; εἶναι πρόσφατα;
Elles sont très-bonnes.	Ἐξαίρετα εἶναι.
N'en prendrez-vous pas en-core deux ou trois?	Δὲν τρώγετε δύο τρία ἀκόμη ;
Non, je vous rends grâces. Je prendrai, s'il vous plaît, un peu de jambon.	Ὄχι, εὐχαριστῶ. Θὰ πάρω ὀλίγον χοιρομέρι, ἂν ἀγα-πᾶτε.
Prenez un peu de bœuf avec.	Λάβετε καὶ ὀλίγον ψητὸν μαζύ.
Donnez-m'en bien peu.	Δόσετέ μοι πολλὰ ὀλίγον.

Voulez-vous un morceau de cette tourte aux pommes?	Ἀγαπᾶτε καὶ κομμάτι μηλόπηταν;
Elle a l'air assez bonne.	Φαίνεται νὰ ἦναι ὡραῖα.
Je ne prendrai rien davantage.	Δὲν ἐμπορῶ νὰ φάγω ἄλλο τίποτε.
Je crains que vous n'ayez assez mal soupé.	Ἐδειπνήσατε θαρρῶ πολὺ ἄσχημα.
J'ai parfaitement bien soupé.	Πολὺ καλὰ μάλιστα ἐδείπνησα.

— —

DIALOGUE VII.
BOIRE.

Διάλογος ζ΄.
ΤΟ ΠΙΝΕΙΝ.

Voulez-vous prendre un verre de vin avec moi?	Πίνομεν ἕνα ποτηράκι κρασί;
De tout mon cœur, volontiers.	Εὐχαρίστως.
Duquel voulez-vous? Du rouge ou du blanc?	Τί προτιμᾶτε; Κόκκινον ἢ ἄσπρον;
Du rouge, s'il vous plaît.	Κόκκινον, ἂν ὁρίζητε.
Je prendrai du blanc, s'il vous plaît.	Ἄσπρὸν θὰ πιῶ μὲ τὴν ἄδειάν σας.
Apportez deux verres de vin,	Φέρε δύο κρασιὰ, ἓν κόκκινον

un de rouge et un de blanc.	καὶ ἓν ἄσπρον.
A votre santé, Monsieur.	Εἰς ὑγίαν σας, Κύριε.
J'ai l'honneur de boire à votre santé.	Πίνω 'ς τὴν ὑγιά σας.
Que voulez-vous boire à votre dîner ?	Τί πίνετε εἰς τὸ γεῦμά σας ;
Buvez-vous de la bière ou du porter ?	Πίνετε μπῆραν (ζύθον) ἢ πόρτερ ;
Je prendrai de la bière, si vous voulez bien.	Θὰ πίω μπῆραν, ἂν ὁρίζητε.
Donnez-moi, s'il vous plaît, un verre de porter.	Βάλλετέ μοι πόρτερ, ἂν θέλητε.
N'est-ce pas là d'assez bon porter ?	Δὲν εἶναι καλὸν πόρτερ τοῦτο ;
Il est excellent.	Ἐξαίρετον τῷ ὄντι.
Je ne me souviens pas d'en avoir jamais bu de meilleur.	Δὲν ἐνθυμοῦμαι νὰ ἔπια καλήτερον ποτέ.

—

DIALOGUE VIII.

LA CLASSE.

Avez-vous appris votre le-çon ?

Quelle leçon avez-vous ap-prise ?

Vous ne savez pas votre le-çon.

Pouvez-vous dire votre le-çon ?

Je ne puis pas encore la dire.

Je puis la dire.

Je crois que oui.

Je ne puis la dire sans faute.

Pourquoi n'avez-vous pas appris votre leçon ?

J'ai oublié de l'apprendre.

Je l'ai apprise hier au soir.

Je pouvais la dire hier.

Elle est trop difficile.

Je n'ai pas pu l'apprendre.

Διάλογος η΄.

ΤΟ ΣΧΟΛΕΙΟΝ.

Ἐμάθετε τὸ μάθημά σας ;

Τί μάθημα ἐμάθετε ;

Δὲν ἐξεύρετε τὸ μάθημά σας.

Ἐμπορεῖς νὰ εἴπῃς τὸ μάθη-μά σου ;

Δὲν τὸ ἐξεύρω ἀκόμη.

Μάλιστα τὸ λέγω.

Νομίζω ὅτι ἐμπορῶ.

Δὲν τὸ ἔμαθα ἐντελῶς.

Διὰ τί δὲν ἔμαθες τὸ μάθημά σου ;

Ἐλησμόνησα νὰ τὸ μάθω.

Τὸ ἔμαθα χθὲς βράδυ.

Χθὲς τὸ ἤξευρα.

Εἶναι πολὺ δύσκολον.

Δὲν ἐμπόρεσα νὰ τὸ μάθω.

Je n'ai pas eu le temps de l'apprendre.	Δὲν ἔλαβα καιρὸν διὰ νὰ τὸ μάθω, δὲν ηὐκαίρησα νὰ τὸ μελετήσω.
Rapprenez-la.	Μελέτησέ το πάλιν.
Je la saurai sans faute demain.	Θέλω τὸ ἐξεύρειν ἐντελῶς αὔριον.

—

DIALOGUE IX.
DANS LA CLASSE.

Διάλογος θ΄.
ΕΙΣ ΤΟ ΣΧΟΛΕΙΟΝ.

Où m'assiérai-je?	Ποῦ νὰ καθήσω ;
Asseyez-vous sur le banc.	Κάθησε 'ς τὴν πάγκα.
Asseyez-vous plus loin.	Κάθησε παρέκει.
Allez vous asseoir à votre place.	Ἄμε κάθησε 'ς τὸν τόπον σου.
Ne faites point de bruit.	Μὴ φωνάζῃς, μὴν ἀταχτῇς, μὴ βροντᾷς.
Pourquoi faites-vous remuer la table?	Τί χουνεῖς τὸ τραπέζι ;
Prêtez-moi votre plume.	Δανείσατέ μοι τὸ κονδῦλί σας.
Prêtez-moi votre canif.	Δάνεισέ μοι τὸ κονδυλομάχαιρόν σου.

J'ai perdu mon livre.	Ἔχασα τὸ βιβλίον μου.
Je ne saurais trouver mon cahier.	Δὲν ἐμπορῶ νὰ εὕρω τὸ τετράδιόν μου.
Où l'avez-vous laissé?	Ποῦ τὸ ἄφησες ;
Je l'avais laissé sur ma tablette.	Τὸ ἀφῆκα ἐπάνω εἰς τὴν θέσιν, εἰς τὸ ῥάφι τὸ ἔβαλα.
Le voici.	Νά το ! ἰδού το ! ἐδῶ εἶναι !
Il est sur la table.	Εἶναι ἐπάνω εἰς τὸ τραπέζι.
L'avez-vous ?	Τὸ ἔπιασες ;
Cherchez-le.	Ζήτησέ το, ψάξε νὰ τὸ εὕρης.
Je l'ai trouvé.	Τὸ εὗρον.
Où était-il?	Ποῦ ἦτον ;
Il était sous le banc.	Ὑποκάτω τῆς πάγκας.

———   ———

DIALOGUE X.
ÉCRIRE UNE LETTRE.

Διάλογος ι΄.
Η ΕΠΙΣΤΟΛΟΓΡΑΦΙΑ.

Avez-vous du papier à lettre?	Ἔχετε χαρτὶ τῆς πόστας ;
J'en ai une main entière.	Ἔχω ὁλόκληρον μίαν δέσμην.
En avez-vous besoin ?	Θέλετε νὰ σᾶς δώσω ;
Obligez-moi de m'en prêter une feuille.	Δανείσατέ μοι μίαν κόλλαν καὶ μὲ ὑποχρεοῖτε.

J'ai une lettre à écrire ce soir.	Ἔχω νὰ γράψω μίαν ἐπιστολὴν ἀπόψε.
Est-elle pour la poste?	Μὲ τὴν πόσταν θὰ γράψητε ;
Oui. Il faut qu'elle parte aujourd'hui.	Μάλιστα· σήμερον φεύγει.
Vous n'avez pas de temps à perdre, car il est déjà bien tard.	Μὴ χάνητε καιρὸν διόλου, διότι εἶναι πολὺ ἀργά.
Je ne serai pas longtemps.	Δὲν θ' ἀργήσω.
Quel est le quantième du mois ?	Πόσας τοῦ μηνὸς ἔχομεν ;
C'est aujourd'hui le premier, le deux, le trois, le quatre...	Ἔχομεν σήμερον πρώτην τοῦ μηνὸς, δευτέραν, τρίτην, τετάρτην...
Maintenant je n'ai plus que l'adresse à écrire.	Τὴν ἐπιγραφὴν ἔχω μόνον νὰ γράψω, τὴν ἐπανωγραφὴν μόνον ἔχω ἀκόμη νὰ κάμω.
Apportez-moi un pain à cacheter.	Φέρε μοι μίαν ὄστιαν.
Maintenant j'ai fini.	Ἐτελείωσα.
Portez cette lettre à la poste.	Πήγαινε αὐτὸ τὸ γράμμα 'ς τὴν

πόσταν, δὸς αὐτὴν τὴν γρα-
φὴν εἰς τὸ ταχυδρομεῖον.

—

DIALOGUE XI.	Διάλογος ιά.
LA MONTRE.	**ΤΟ ΩΡΟΛΟΓΙΟΝ.**
Savez-vous quelle heure il est?	Ἐξεύρετε τί ὥρα εἶναι;
Je ne sais pas au juste.	Δὲν ἐξεύρω ἀκριβῶς.
Regardez à votre montre.	Ἴδετε τὸ ὡρολόγι σας.
Elle ne va pas.	Δὲν δουλεύει.
Quelle heure est-il à la vôtre?	Τί ὥραν ἔχετε;
La vôtre va-t-elle bien?	Πάγει καλὰ τὸ ὡρολόγι σας;
La mienne ne va pas bien.	Δὲν 'πάγει καλὰ τὸ ἰδικόν μου.
Elle n'est pas à l'heure.	
Elle s'arrête de temps en temps.	Στέκεται πότε καὶ πότε.
Elle retarde.	Πάγει 'πίσω πολύ.
Elle avance.	Πηγαίνει ἐμπρὸς πολύ.
Il y a quelque chose de dérangé.	Χαλασμένον εἶναι.
Faites-la raccommoder.	Δός το νὰ σὲ τὸ διορθώσουν.

Il faut la faire raccommoder.	Πρέπει νὰ τὸ δώσητε νὰ σᾶς τὸ διορθώσουν.
Je vais l'envoyer chez l'horloger.	Θὰ τὸ στείλω 'ς τὸν ὡρολογᾶν.
Vous ferez très-bien.	Καλὰ θὰ κάμητε.

—

DIALOGUE XII.

LE MATIN.

Διάλογος ιϛ´.

ΤΟ ΠΡΩΙ.

Vous voilà levé!	Ἐσηκώθητε! ἠγέρθητε!
Vous êtes déjà levé! [levé.	Ἐξυπνήσατε! [νος.
Il y a une heure que je suis	Πρὸ μιᾶς ὥρας εἶμαι σηκωμέ-
Vous vous êtes levé de grand matin.	Πολλὰ πρωΐ ἐσηκώθητε.
Je me lève ordinairement de bonne heure.	Ὡς ἐπὶ τὸ πλεῖστον ἔτσι ἐνωρὶς ἐξυπνῶ (συνήθως πρωΐ ἐγείρομαι).
C'est une fort bonne habitude.	Καλὸν εἶναι νὰ συνειθίσῃ τις οὕτω.
Comment avez-vous dormi cette nuit?	Πῶς ἐκοιμήθητε χθὲς βράδυ;
Avez-vous bien dormi?	Ἐκοιμήθητε καλά;

9

Très-bien. J'ai dormi tout d'un somme. Je n'ai fait qu'un somme. — Πολὺ καλά · δὲν ἔννοιωσα δι' ὅλου ἕως τὸ πρωΐ, παννύχιον ἐκοιμήθην.

Et vous, avez-vous bien reposé? — Ἡ δὲ εὐγενεία σας πῶς ἐκοιμήθητε;

Pas très-bien. — Ὄχι τόσον καλά.

Je n'ai pas très-bien dormi. — Δὲν ἐκοιμήθην τόσον καλά.

Je n'ai pas pu dormir. — Δὲν ἠμπόρεσα νὰ κοιμηθῶ.

Je n'ai pas fermé l'œil de toute la nuit. — Μάτι δὲν ἐσφάλησα ὅλην νύκτα.

DIALOGUE XIII.
MÊME SUJET.

Διάλογος ιγ΄.
ΠΕΡΙ ΤΟΥ ΑΥΤΟΥ.

Voici une belle matinée. — Ὡραῖα πρωΐα.

Quel beau jour! — Τί ὡραῖα ἡμέρα !

Superbe. — Λαμπροτάτη.

Que pensez-vous d'un tour de promenade? — Ἐκβαίνομεν νὰ περιπατήσωμεν ὀλίγον, τί λέγετε;

Aurons-nous assez de temps avant le déjeûner? — Θὰ ἔχωμεν καιρὸν πρὸ τοῦ προγεύματος;

Nous avons tout le temps. — Ἔχομεν πολὺν καιρόν.

On ne déjeûnera pas avant une heure d'ici.	Οὔτε εἰς μίαν ὥραν ἔτι δὲν προγευματίζουν.
Nous avons une grande heure à nous.	Ἔχομεν καιρὸν ὁλόκληρον μίαν ὥραν.
Hé bien, allons prendre un peu l'air.	Ὑπάγωμεν λοιπὸν νὰ πάρωμεν κομμάτι τὸν ἀέρα μας.
La promenade nous donnera de l'appétit.	Ὁ περίπατος θὰ μᾶς ἀνοίξῃ τὴν ὄρεξιν.

DIALOGUE XIV.

MÊME SUJET.

Διάλογος ιδ΄.

ΠΕΡΙ ΤΟΥ ΑΥΤΟΥ.

Comment avez-vous trouvé votre promenade ce soir?	Πῶς σᾶς ἤρεσεν ἀπόψε ὁ περίπατος ; [ἦτον.
Délicieuse, très-agréable.	Ἐξαίρετος ἦτον, εὐχάριστος
Il fait une soirée charmante.	Ὡραία βραδυά.
N'êtes-vous point fatigué ?	Δὲν ἐκουράσθητε :
Pas beaucoup.	Ὄχι πολύ.
Ne voulez-vous pas vous reposer un instant?	Δὲν ἀναπαύεσθε ὀλίγον ;
Je vous suis obligé. Je m'en vais me coucher.	Ὄχι, σᾶς εὐχαριστῶ. Θὰ 'πάγω νὰ πλαγιάσω.

Il n'est pas tard.	Δὲν εἶναι ἀργά.
Il est encore de bonne heure.	᾿Ενωρὶς εἶναι ἀκόμη.
Il est l'heure de se coucher.	Εἶναι ὥρα νὰ πλαγιάσωμεν.
J'aime à me coucher de bonne heure.	Μ' ἀρέσκει νὰ πλαγιάζω ἐνωρὶς.
Je vous souhaite une bonne nuit. [ment.	Καλὴν νύκτα.
Je vous la souhaite pareille-	Καλὴ νύκτα σας.

DIALOGUE XV.
L'HIVER.

Διάλογος ιε΄.
Ο ΧΕΙΜΩΝ.

Nous voici dans l'hiver.	᾿Εχειμώνιασεν.
Voilà l'hiver arrivé.	῏Ηλθεν ὁ χειμών.
Je voudrais que l'hiver fût déjà passé.	᾿Επεθύμουν νὰ ἦτον ἤδη περασμένος ὁ χειμών.
Pour moi, j'aime autant l'hiver que l'été.	᾿Εγὼ ἐπίσης ἀγαπῶ καὶ τὸν χειμῶνα ὡς καὶ τὸ καλοκαῖρι.
Vous êtes le seul de cette opinion.	Δὲν ὑπάρχουν πολλοὶ νομίζω τῆς τοιαύτης γνώμης.
Comment peut-on aimer l'hiver?	Πῶς εἶναι δυνατὸν ν' ἀγαπᾷ τις τὸν χειμῶνα;

Les jours sont si courts, et le froid est si insupportable !	Αἱ ἡμέραι εἶναι τόσον βραχεῖαι, καὶ τὸ ψύχος τόσον ἀνυπόφορον !
Vous souvenez-vous de l'année du grand hiver ?	Ἐνθυμεῖσθε τὴν χρονιά, ὁποῦ ἔκαμε τὸν δυνατὸν πάγον ;
Oui ; il faisait excessivement froid.	Μάλιστα· τί ὑπερβολικὸν ψύχος ἦτον ἐκεῖνο.
La gelée dura deux mois et demi.	Ὁ παγετὸς διήρκεσε δύο ἥμισυ μῆνας.

—   —

DIALOGUE XVI.
LE PRINTEMPS.

Διάλογος ιϛ´.
Η ΑΝΟΙΞΙΣ.

Nous n'avons pas eu d'hiver cette année.	Δὲν ἔκαμε χειμῶνα ἐφέτος.
Il fait un temps de printemps.	Ἦλθεν ἡ ἄνοιξις.
Il fait aujourd'hui un jour d'été.	Καλοκαιρινὴ εἶναι σήμερον ἡ ἡμέρα.
Il me tardait d'être au printemps.	Ἐπεθύμησα τὴν ἄνοιξιν.
C'est la saison que j'aime le mieux.	Εἶναι ὁ καιρὸς ὁποῦ μ' ἀρέσχει περισσότερον.

C'est la plus agréable de toutes les saisons.	Εἶναι ἡ εὐαρεστωτέρα ὥρα τοῦ ἐνιαυτοῦ.
Tout rit dans la nature.	Τὰ πάντα γελοῦν ἐν τῇ φύσει (ἡ φύσις μειδιᾷ).
Tout semble renaître.	Τὸ πᾶν ἀναζωογονεῖται.
Tous les arbres sont blancs de fleurs.	Ὅλα τὰ δένδρα εἶναι κάτασπρα ἀπὸ ἄνθη.
Si le temps est favorable, il y aura bien du fruit cette année.	Ἂν ὁ καιρὸς βοηθήσῃ, θὰ ἔχωμεν ἐφέτος πολυκαρπίαν.
Tous les fruits à noyau ont manqué.	Ὅλοι οἱ πυρηγώδεις καρποὶ ἐξέλειπον. [ἐφέτος.
La saison est bien avancée.	Πρώϊμον ἔχομεν τὴν ἄνοιξιν
La saison est bien retardée.	Ὄψιμος εἶναι ἡ ἄνοιξις ἐφέτος.
Tout est retardé.	Τὰ πάντα ὄψιμα εἶναι ἐφέτος.
Rien n'est avancé.	Τίποτε πρώϊμον.

———

———

DIALOGUE XVII,
L'ÉTÉ.

Διάλογος ιζ΄.
ΤΟ ΚΑΛΟΚΑΙΡΙ.

Je crains que nous n'ayons un été bien chaud.	Τὸ καλοκαῖρι στοχάζομαι θὰ ἦναι πολὺ ζεστὸν ἐφέτος.

Nous n'avons point eu d'été cette année.	Δὲν μᾶς ἔκαμε καλοκαῖρι ἐφέτος.
On dirait que toutes les saisons sont renversées.	Οἱ καιροὶ ἐμπορεῖ νὰ εἴπῃ τις ἤλλαξαν τὴν τάξιν των.
On a commencé la moisson.	Ἤρχισαν νὰ θερίζωσι.
La récolte sera abondante.	Ἡ ἐσοδεία ἐφέτος θὰ εἶναι καλή.
Il y a déjà des blés de coupés.	Τὰ σιτάρια ἐθερίσθησαν.
Tout le blé sera rentré la semaine prochaine.	Ὅλος ὁ σίτος θέλει ἀποθηκευθῆ τὴν προσεγγίζουσαν ἑβδομάδα.
[chaud.	[τος.
Nous avons un été bien	Ζεστὸν πολὺ τὸ καλοκαῖρι ἐφέ-
Il n'est pas étonnant qu'il fasse si chaud, nous sommes dans la canicule.	Μὴ παραξενευώμεθα διὰ τὴν ζέστην, εἶναι τὰ κυνικὰ καύματα τώρα.

DIALOGUE XVIII.

L'AUTOMNE.

Διάλογος ιη´.

ΤΟ ΦΘΙΝΟΠΩΡΟΝ.

Voilà l'été passé.	Τὸ θέρος παρῆλθεν.
Nous n'aurons plus que quelques beaux jours par-ci par-là.	Σπάνιαι θέλουν εἶσθαι εἰς τὸ ἑξῆς αἱ ὡραῖαι ἡμέραι.

Les feuilles commencent à tomber.	Τὰ φύλλα ἀρχίζουν νὰ πίπτω-σιν.
Les matinées commencent à être froides.	Αἱ πρωΐαι ἀρχίζουν νὰ ψυχραί-νωνται.
Nous avons déjà fait du feu.	Ἡμεῖς ἠνάψαμεν φωτιά.
Le feu commence à faire plaisir. [nués.	Ἡ φωτιὰ ἤρχισε νὰ γίνηται δεκτή.
Voilà les jours bien dimi-	Αἱ ἡμέραι ἐσμίκρυναν.
Les soirées sont longues.	Αἱ βραδυαὶ ἐμεγάλωσαν.
On n'y voit plus à cinq heu-res.	Εἰς τὰς πέντε ὧρας σκοτεινιά-ζει.
On n'y voit presque plus à quatre heures du soir.	Ἀπὸ τὰς τέσσαρας ἀρχίζει νὰ βραδυάζη.
Il est tout d'un coup nuit.	Ἐνύκτωσεν γρήγωρα.
L'hiver approche.	Ὁ χειμὼν πλησιάζει.
Dans trois semaines les jours seront au plus bas.	Μετὰ τρεῖς ἑβδομάδας αἱ ἡμέ-ραι θὰ ἦναι βραχύταται.
Je voudrais déjà être à Noël.	Ἤθελα νὰ εἴχομεν Χριστού-γεννα τώρα.
Les jours commencent à croître.	Αἱ ἡμέραι ἀρχίζουν νὰ μεγα-λόνωσιν.

DIALOGUE XIX.

DEMANDER UNE ROUTE.

Διάλογος ιθ΄.

ΕΡΩΤΗΣΕΙΣ ΕΠΙ ΤΟΥ ΔΡΟΜΟΥ.

Quel est le plus court chemin pour aller à...?

Ποῖος εἶναι ὁ συντομώτερος δρόμος;

Cette route-ci ne conduit-elle pas à...?

Ὁ δρόμος αὐτὸς δὲν 'βγαίνει εἰς τ...;

N'est-ce pas ici le chemin de...?

Δὲν ὑπάγει ἀπ' ἐδῶ εἰς...;

Où conduit cette route?

Ποῦ 'βγαίνει αὐτὸς ὁ δρόμος;

Vous êtes dans le vrai chemin.

Καλὰ πᾶτε ἀπ' αὐτοῦ.

Vous n'êtes pas dans le vrai chemin.

Δὲν εἶναι αὐτὸς ὁ δρόμος.

Vous êtes entièrement hors du chemin.

Ἐπλανήθητε πολύ, ἐχάσατε τὸν δρόμον.

De quel côté faut-il que j'aille?

Ἀπὸ ποῦ νὰ ὑπάγω πρέπει;

Allez droit devant vous.

Πήγαινε κατ' εὐθεῖαν, πήγαινε ὅλον ἴσια.

Vous trouverez une ruelle sur votre gauche.

Θὰ εὕρῃς ἕνα στενὸν δρόμον πρὸς ἀριστεράν.

Suivez cette ruelle, elle vous conduira dans la grande route.

Πιάσε ἐκεῖνον τὸν δρόμον, καὶ θὰ ἐκϐῆς εἰς τὴν μεγάλην ὁδόν.

Vous ne pouvez pas vous tromper de chemin.

Δὲν ἐμπορεῖς νὰ χάσῃς τὸν δρόμον.

Combien peut-il y avoir d'ici?

Πόσον μακρὰν εἶναι ἀπ' ἐδῶ;

Environ un mille, à peu près un mille.

Ἡμισείαν ὥραν περίπου.

Il n'y a pas plus d'un mille.

Δὲν εἶναι παράνω ἀπὸ ἡμισείας ὥρας δρόμος.

Il y a un bon millle, il y a un grand mille d'ici.

Εἶναι σωστὰ μισῆς ὥρας δρόμος ἀπ' ἐδῶ.

Il y a un peu plus d'un mille.

Κάτι περισσότερον ἀπὸ μισὴν ὥραν εἶναι.

Il n'y a guère moins de trois milles.

Ὀλίγον τι συντομώτερος ἀπὸ μίαν ὥραν.

———

DIALOGUE XX.
S'INFORMER D'UÑE PERSONNE.

Διαλογος κ΄.
ΠΛΗΡΟΦΟΡΙΑΙ ΠΕΡΙ ΑΤΟΜΟΥ.

Connaissez-vous ici M...?

Γνωρίζετε ἐδῶ τὸν κύριον...;

Connaissez-vous une personne du nom de...?	Γνωρίζετε κἀνένα...;
N'y a-t-il pas une personne du nom de... qui demeure en cette ville?	Δὲν κατοικεῖ ἐδῶ κἀνεὶς ὀνομαζόμενος...;
Ne demeure-t-il pas par ici une personne qui se nomme...?	Δὲν κάθηται ἐδῶ ἕνας ὁποῦ τὸν λέγουν...;
Je ne connais personne de ce nom.	Δὲν γνωρίζω κἀνένα τοιοῦτον.
Je crois que oui.	Νομίζω νὰ ὑπάρχῃ.
Oui, il y a quelqu'un de ce nom.	Μάλιστα· εὑρίσκεται ἐδῶ ἕνας.
Le connaissez-vous?	Τὸν γνωρίζετε;
Je le connais parfaitement.	Πολὺ καλὰ τὸν γνωρίζω.
Pouvez-vous me dire où il demeure?	Ἐξεύρετε ποῦ κατοικεῖ;
Où demeure-t-il?	Ποῦ κάθηται; [του;
De quel côté demeure-t-il?	Πρὸς ποῖον μέρος εἶναι ἡ οἰκία
Il demeure près de la poissonnerie.	Κατοικεῖ πλησίον εἰς τὰ ὀψαράδικα.

Il demeure dans telle rue.	Κατοικεῖ μέσα εἰς τοῦ... τὸν δρόμον.
Est-ce loin d'ici?	Εἶναι μακρὰν ἀπ' ἐδῶ ;
Il n'y a que deux pas d'ici.	Ὀλίγα τινα βήματα μόνον.
Ce n'est qu'à deux pas d'ici.	Δὲν εἶναι τόσον μακράν.
Pouvez-vous m'enseigner sa maison?	Ἐμπορεῖτε νὰ μοὶ δείξητε τὸ σπίτι ;
Je vais moi-même de ce côté-là.	Ἀπ' ἐκεῖ θὰ περάσω τώρα.
Je vous montrerai où il demeure.	Σοὶ δείχνω ποῦ κάθηται.
Je vous montrerai sa maison.	Σοὶ δεικνύω τὸ οἴκημά του.

___

DIALOGUE XXI.	Διάλογος κα΄.
LA PLUIE.	Η ΒΡΟΧΗ.
Que pensez-vous du temps?	Πῶς σοὶ φαίνεται ὁ καιρός ;
Je crois que nous aurons de la pluie.	Νομίζω πῶς θὰ βρέξῃ.
Nous aurons de la pluie avant qu'il soit peu.	Ἐντὸς ὀλίγου θὰ βρέξῃ.
Nous pourrons avoir quel-	Ἴσως ἔλθῃ κἀμμία μπόρα,

ques ondées, car le ciel se couvre.	ἐπειδὴ ὁ οὐρανὸς εἶναι φορτωμένος.
Nous avons grand besoin de pluie.	Μεγάλην ἀνάγκην ἔχομεν βροχῆς.
Un peu de pluie ferait du bien aux jardins.	Ὀλίγη βροχὴ ἤθελε κάμει καλὸν εἰς τοὺς κήπους.
Ne trouvez-vous pas qu'il fait bien chaud pour la saison ?	Ἀναλόγως τοῦ καιροῦ δὲν σᾶς φαίνεται ἡ ζέστη μεγάλη ;
Oui. Ce printemps est le plus chaud dont je me souvienne.	Μάλιστα· ἄνοιξιν τόσον ζέστην πρώτην φορὰν βλέπω.
Le soleil est aussi chaud qu'au cœur de l'été.	Ὁ ἥλιος καίει ὡσὰν καλοκαιρινός.
Je crains qu'après ce temps il ne nous vienne du froid.	Φοβοῦμαι ὅτι θὰ ἔχωμεν κρυώματα ὕστερον ἀπὸ αὐτὸν τὸν καιρόν.
Cela est assez probable.	Εἶναι πιθανώτατον, ἔτσι ὁμοιάζει.

DIALOGUE XXII.	Διάλογος κϛʹ.
APRÈS LA PLUIE.	**ΜΕΤΑ ΤΗΝ ΒΡΟΧΗΝ.**

Je ne suis pas encore sorti depuis la pluie.

Δὲν ἐκϐῆκα ἀφ᾽ ὅτου ἔϐρεξε.

Ni moi non plus.

Οὔτ᾽ ἐγώ.

Allons voir si tout a bonne mine dehors.

Πᾶμεν νὰ ἴδωμεν πῶς εἶναι ἔξω τὰ πράγματα.

La campagne a une apparence toute différente.

Ἡ ἐξοχὴ φαίνεται πολὺ διαφορετική.

Il fait bien meilleur marcher aujourd'hui.

Ὁ περίπατος σήμερον εἶναι εὐαρεστώτερος.

La pluie a abattu la poussière.

Κατεκάθισε τὸν κονιορτὸν ἡ βροχή. [ρόν.

La pluie a rafraîchi le temps.

Ἡ βροχὴ ἐψύχρανε τὸν και-

Il ne fait pas à beaucoup près aussi chaud qu'il faisait.

Ἡ ζέστη ὠλιγόστευσε σημαντικῶς, ἔλαϐε μεγάλην διαφορὰν ἡ ζέστη.

Quelle différence d'aujourd'hui à la journée d'hier!

Πόση ἡ διαφορὰ μεταξὺ τῆς σημερινῆς καὶ χθεσινῆς ἡμέρας!

Comme tout a un air de fraîcheur!

Πόσον νωπὰ φαίνονται τὰ πάντα!

Tout a un air vivant.	Τὰ πάντα φαίνονται ἀνεζωογο- νημένα.
La pluie a ranimé toutes les plantes. [bien.	Ἡ βροχὴ ἐζωντάνευσεν ὅλα τὰ φυτά.
La pluie a fait beaucoup de	Πολὺ ὠφέλησεν ἡ βροχή.
Un peu plus ne ferait pas de mal.	Καὶ περισσοτέρα ἔτι οὐδόλως ἤθελε βλάψει.

— —

DIALOGUE XXIII.

EN RENCONTRANT UN AMI.

Διάλογος κγ'.

ΣΥΝΕΝΤΕΥΞΙΣ.

Quoi! est-ce vous?	Πῶς ! σὺ εἶσαι ;
Est-ce bien vous?	Τῷ ὄντι τοῦ λόγου σου εἶσαι ;
C'est moi-même.	Ἐγὼ ὅλος καὶ ὅλος.
C'est moi en personne.	Αὐτὸς ἐγὼ εἶμαι.
Vous me surprenez tout à fait.	Μὲ ἐκθαμβοῖς.
Je ne m'attendais pas à vous rencontrer ici.	Δὲν ἤλπιζα νὰ σὲ ἀνταμώσω ἐδῶ.
Je suis bien aise de vous rencontrer.	Χαίρομαι διότι σᾶς ἠντάμωσα.

Je suis ravi de vous voir.	Ἔλαβα μεγάλην εὐχαρίστησιν ὁποῦ σᾶς εἶδα.
Depuis quand êtes-vous de retour?	Πότε ἐπεστρέψατε ;
Je suis venu hier au soir.	Χθὲς βράδυ ἐπέστρεψα.
Comment êtes-vous venu?	Πῶς ἤλθατε ;
Je suis venu par la diligence.	Ἦλθα ἀπὸ δημοσίαν ἅμαξαν.
Vous venez un peu subitement.	Ἤλθατε ἀπροσδοκήτως.
Un peu.	Ὁπωσοῦν.
Je comptais rester tout l'été.	Ἐσκόπευα νὰ μείνω ὅλον τὸ καλοκαῖρι.
Qu'est-ce qui vous a fait revenir sitôt?	Καὶ διὰ τί λοιπὸν ἐπεστρέψατὲ τόσον γρήγωρα ;
Quelques affaires demandent ma présence ici.	Ὀλίγη δουλειὰ μέ ἀνεκάλεσεν.
Comment avez-vous trouvé votre voyage?	Πῶς ἐπεράσατε εἰς τὸ ταξείδιόν σας ;
Il m'a paru très-gai.	Πολὺ εὔμορφα, ἔξαίρετα.
J'ai eu un voyage fort agréable.	Εἶχον πολὺ ὡραῖον ταξείδιον, ἐξαίρετον ὁδοιπορίαν εἶχον.
Quand aurai-je le plaisir de	Πότε θὰ λάβω τὴν εὐχαρίστη-

vous voir chez moi? | σιν νὰ κοπιάσητε εἰς τὸ σπίτι μου;

Quand voulez-vous venir dî- | Πότε θὰ ἔλθετε νὰ συγγευματί-
ner avec nous? | σωμεν;

Je ne sais. J'ai quelques af- | Δὲν ἐξεύρω, ἔχω ὀλίγην δου-
faires à finir. | λειάν.

J'aurai l'honneur de vous voir | Θὰ ἔλθω νὰ σᾶς εὕρω αὔριον.
demain dans la journée.

Nous serons bien enchantés | Καλῶς νὰ ὁρίσητε.
de vous voir.

—

DIALOGUE XXIV. | Διάλογος κδ΄.

LE LEVER. | Η ΕΓΕΡΣΙΣ.

Qui est là? | Ποῖος εἶναι;

C'est moi. Debout, debout! | Ἐγώ. Σήκω!

Quelle heure est-il? | Τί ὥρα εἶναι;

Il est temps de se lever. | Εἶναι ὥρα διὰ νὰ σηκωθῆτε.

Déjà? C'est impossible. Il n'y | Τώρα εὐθύς; Ἀδύνατον. Εἶναι
a pas deux heures que je | μόλις δύο ὥραι ἀφ' ὅτου
suis couché. [de dix. | ἐπλάγιασα.

Deux heures! Il y en a près | Δύο ὥραι! Δὲν λέγεις δέκα;

Si l'on vous écoutait, vous dormiriez toute la journée.

Θὰ ἐκοιμούσουν λοιπὸν ὅλην τὴν ἡμέραν, ἂν δὲν σ' ἐξύπνα κανείς.

J'étais si tranquille quand vous m'avez réveillé !

Ἐκοιμώμουν τόσον γλυκὰ ὅταν μ' ἐξύπνησας !

C'est bien dommage assurément !

Ναί, κρίμα ! ἀληθινὰ ὁ καϋμένος !

Mais dépêchez-vous, et habillez-vous promptement.

Κάμε δὰ γρήγωρα ἐνδύσου.

Qu'y a-t-il qui presse tant?

Διατί ἡ τόση βία ; τίς ἡ βία ;

Il y a déjà plus d'un quart d'heure que tous les autres sont dans la classe.

Ὅλα τὰ παιδία ὑπῆγαν εἰς τὸ σχολεῖον πρὸ ἑνὸς τετάρτου τῆς ὥρας.

Hé bien, ne peuvent-ils pas commencer sans moi?

Ε΄, καλό· δὲν ἠμποροῦν ν' ἀρχίσωσι χωρὶς ἐμοῦ ;

Du train dont vous y allez, ils pourront bien effectivement commencer sans vous. Mais gare la correction !

Ἐὰν ἀργῆς τόσον, βεβαιότατα θ' ἀρχίσωσι καὶ χωρὶς σοῦ· μόνον κάμε νὰ προφθάσης.

Que puis-je faire à cela ?

Πῶς νὰ κάμω ;

Est-ce ma faute si j'ai envie de dormir? — Τί πταίω ἐὰν νυστάζω;

Allons, allons. Je n'ai pas le temps de raisonner avec vous. — Ἔλα δὰ, κάμε· δὲν ἔχω καιρὸν νὰ πολυλογῶ μαζύ σου.

Dépêchez-vous et descendez sur-le-champ. — Κάμε γρήγωρα λέγω, καὶ ἔλα κάτω εὐθύς.

Me voilà prêt. — Ἕτοιμος εἶμαι.

Oui; mais ce n'a pas été sans peine. — Μάλιστα· μόλις καὶ μετὰ βίας.

— —

DIALOGUE XXV. — Διάλογος κέ.

DANS UNE BOUTIQUE. — ΕΙΣ ΕΡΓΑΣΤΗΡΙΟΝ.

Avez-vous du beau drap? — Ἔχεις καλὴν τσόχαν;

De quelle sorte de drap désirez-vous? — Τί τσόχαν ὁρίζετε;

De quel prix? — Ὁποίας τιμῆς;

Quel prix voudriez-vous y méttre? — Ἕως τίνος τιμῆς πρᾶγμα θέλετε;

Nous en avons de différents prix. — Ἔχομεν διαφόρων τιμῶν.

Montrez-moi ce que vous avez de meilleur.	Δεῖξόν μοι τὴν καλητέραν ὁποῦ ἔχεις.
Est-ce là le plus fin que vous ayez?	Αὐτὴ εἶναι ἡ καλητέρα σου;
Combien le vendez-vous l'aune?	Πόσον ἔχει ἡ πήχη;
Je le vends vingt-cinq francs l'aune.	Ἑξῆντα γρόσια.
Je le trouve bien cher.	Πολὺ ἀκριβὴ εἶναι.
Quel est votre dernier prix, car je n'aime pas à marchander?	Ἐκεῖ ποῦ θὰ γείνη εἰπέ· δὲν μ' ἀρέσκουν τὰ παζαρλήκια.
Monsieur, je ne surfais jamais.	Κύριε, δὲν ζητῶ ποτὲ παραπάνω.
Je n'ai qu'un prix.	Ἕνα λόγον ἔχω πάντοτε.
Pouvez-vous me le donner pour...?	Τὴν δίδεις διὰ...;
Je vous en donnerai...	Θὰ σοὶ δώσω...
En vérité, je ne puis le vendre à moins. [moins.	Δὲν γείνεται παρακάτω.
Je ne puis pas le donner à	Δὲν τὴν δίδω ὀλιγώτερον.

Vous savez que je suis une bonne pratique.

Εἶμαι μουστερής σου, τὸ ἐξεύρεις.

Cela est vrai ; mais il n'est pas juste que je vende à perte.

Μάλιστα· ἀλλὰ δὲν ἐμπορῶ νὰ πωλήσω μὲ ζημίαν.

Hé bien, partageons le différend.

Ε΄, ἂς μοιράσωμεν τὴν διαφοράν.

En vérité, vous l'avez au prix coûtant.

Σᾶς βεβαιῶ ἐπάνω εἰς τὸ κόστος σᾶς τὴν ἔδωκα.

Désirez-vous encore quelque chose?

Ὁρίζετε καὶ ἄλλο τίποτε ;

Montrez-moi vos échantillons.

Νὰ 'δῶ ταῖς μόστραις σου.

J'ai besoin d'une étoffe pour faire une veste.

Ἤθελα νὰ κόψω κάτι τι διὰ γελεχλῆκι.   [των.

En voici de toutes couleurs.

Ἐδῶ ἔχω διαφόρων χρωμά-

Cette couleur-ci est trop sombre.

Εἶναι πολὺ σκοῦρον τοῦτο.

Celle-là est trop claire.

Εἶναι πολὺ ἀνοιχτὸν ἐκεῖνο.

Je veux quelque chose qui ne soit point salissant.

Θέλω κάτι τι τὸ ὁποῖον νὰ σηκόνῃ καὶ λέραν.

Je veux quelque chose qui se lave.

Θέλω κἄτι τι τὸ ὁποῖον νὰ πλύνηται.

J'aime assez ce dessin ; mais je crains que la couleur ne tienne point.

Μ' ἀρέσκει αὐτὸ τὸ χρῶμα, ἀλλὰ φοβοῦμαι μήπως ξε-βάφη.

J'ai peur que cette étoffe ne soit pas d'un bon user.

Φοβοῦμαι μὴ δὲν βαστᾷ, φο-βοῦμαι μήπως ἔβγῃ σάπιον.

Au contraire, elle est excellente.

Ἐξ ἐναντίας μάλιστα, εἶναι ἐξαίρετον ὕφασμα.

Vous n'en verrez jamais la fin.   [ma parole.

Καταλυμὸν δὲν ἔχει, αἰωνίως βαστᾷ, ποτὲ δὲν παληόνει.

Vous pouvez la prendre sur

Πάρετέ το ὅταν σᾶς λέγω.

DIALOGUE XXVI.

AVEC UN TAILLEUR.

Διάλογος κϛ΄.

ΜΕΤΑ ΡΑΠΤΟΥ.

Voulez-vous me prendre mesure pour un habit?

Μοὶ πέρνετε μέτρον δι' ἕνα ροῦχον ;

Comment voulez-vous qu'il soit fait?

Πῶς τὸ θέλετε νὰ σᾶς τὸ κάμω;

Faites-le-moi comme on les porte actuellement.

Ὅπως τὰ κάμνουν τώρα, τῆς μόδας τὸ θέλω.

Vous voulez aussi la veste et le pantalon?

Θὰ κόψητε καὶ βέσταν καὶ παν- ταλόνι;

Oui. J'ai acheté de l'étoffe pour me faire un habille- ment complet.

Μάλιστα. Ἔχω ἀρκετὴν τσό- χαν δι' ὁλόκληρον φορεσιάν.

Cela suffit, Monsieur. Com- ment voulez-vous que vo- tre veste soit faite?

Πολλὰ καλά. Τὸ γελέκι πῶς τὸ θέλετε;

Faites-la à la mode actuelle.

Κάμετέ μέ το τῆς μόδας.

Seulement qu'elle ne des- cende pas tout à fait si bas.

Μόνον πολὺ μακρὺ νὰ μὴ γείνη·

Quelle sorte de boutons vou- lez-vous?

Καὶ τί κουμπιὰ θέλετε νὰ σᾶς βάλλω;

Je veux des boutons de la même étoffe.

Κουμπιὰ ἀπὸ τὸ ἴδιον ὕφασμα θέλω.

Fort bien.

Πολὺ καλά.

Voulez-vous que votre cu- lotte monte bien haut?

Θέλετε τὸ πανταλόνι νὰ σᾶς τὸ κάμω ν' ἀναβαίνη πολὺ ὑψηλά;

Ni trop haut ni trop bas.

Οὔτε πολὺ ὑψηλὰ οὔτε πάλιν πολὺ χαμηλά.

Faites-le venir jusqu'ici.	Νά· ἕως ἐδῶ νὰ μ' ἔρχηται.
C'est la mode de les porter très-bas.	Χαμηλὰ εἶναι τῆς μόδας (τοῦ συρμοῦ).

DIALOGUE XXVII.
LA PROMENADE.

Διάλογος κζ'.
Ο ΠΕΡΙΠΑΤΟΣ.

Irons-nous faire un petit tour?	Πηγαίνομεν νὰ κάμωμεν ἕνα περίπατον ;
De tout mon cœur.	Μετὰ χαρᾶς.
Je vous demanderai la permission d'aller prendre ma canne.	Θὰ σᾶς ζητήσω τὴν ἄδειαν τοῦ νὰ ὑπάγω νὰ πάρω τὸ ῥαβδί (ον) μου.
Je serai à vous dans une minute.	Εἰς ἓν λεπτὸν θὰ εἶμαι μαζῆ σας.
Maintenant, je suis prêt à vous suivre.	Τώρα εἶμαι ἕτοιμος νὰ σᾶς ἀκολουθήσω.
Je suis à vos ordres.	Εἶμαι εἰς τὰς διαταγάς σας.
Nous partirons quand vous voudrez.	Ὑπάγομεν ὅποτε θελήσετε.
De quel côté irons-nous?	Πρὸς ποῖον μέρος θὰ ὑπάγομεν;
Allons dans la campagne.	Ἂς ὑπάγωμεν εἰς τὴν ἐξοχήν.

J'ai peur qu'il n'y ait beaucoup de poussière dans les chemins.	Φοβοῦμαι μὴν εἶναι πολὺς κονιορτὸς εἰς τοὺς δρόμους.
La pluie a un peu abattu la poussière.	Ἡ βροχὴ κατέβαλεν ὀλίγον τὴν σκόνιν.
Traversons les houblonnières.	Ἄς διαβῶμεν τὰς βρυωνιάς.
C'est une promenade fort agréable.	Εἶναι αὐτὸς λίαν εὐάρεστος περίπατος.
Nous serons à l'abri du soleil.	Δὲν θὰ μᾶς καίει ὁ ἥλιος.
Voulez-vous traverser ce champ?	Θέλετε νὰ διέλθωμεν διὰ τοῦ ἀγροῦ τούτου;
Peut-on passer à travers ce champ?	Δύναταί τις νὰ διέλθῃ διὰ τούτου τοῦ ἀγροῦ;
Allons par ce sentier.	Ἄς ὑπάγωμεν διὰ τοῦ μονοπατίου τούτου.
C'est le plus court pour retourner à la maison.	Εἶναι συντομώτατον διὰ νὰ ἐπιστρέψωμεν εἰς τὴν οἰκίαν.
Il n'est pas tard.	Δὲν εἶναι ἀργά.
J'ai envie de rentrer de bonne heure.	Ἔχω διάθεσιν νὰ ἐπιστρέψω ἐνωρίς.

11

Nous n'avons qu'une demi-heure de chemin.

Δὲν ἔχομεν παρὰ ἡμισείας ὥρας δρόμον.

Nous serons revenus de bonne heure.

Θὰ εἴμεθα φθασμένοι ὀπίσω ἐνωρίς.

—

DIALOGUE XXVIII.

LE LOGEMENT.

Avez-vous des chambres à louer?

Oui, Monsieur, j'en ai plusieurs. Quelles chambres désirez-vous?

Voulez-vous un appartement meublé, ou non meublé?

J'ai besoin de chambres meublées.

Il me faudrait deux chambres à coucher, avec un salon et une cuisine.

Je puis vous arranger. Don-

Διάλογος κη'.

ΠΕΡΙ ΚΑΤΟΙΚΙΑΣ.

Ἔχετε δωμάτια δι' ἐνοικίασμα.

Μάλιστα, Κύριε. Ὁποῖα δωμάτια ἐπιθυμεῖτε;

Θέλετε κατοικίαν μὲ ἔπιπλα ἢ χωρὶς ἔπιπλα;

Ἔχω ἀνάγκην δωματίων μὲ ἔπιπλα.

Μὲ ἐχρειάζοντο δύω δωμάτια τοῦ ὕπνου μὲ μίαν αἴθουσαν καὶ ἓν μαγειρεῖον.

Εἰμπορῶ νὰ σᾶς οἰκονομήσω.

nez-vous la peine d'entrer. | Λάβετε τὸν κόπον νὰ εἰσέλθητε.

Je vais vous faire voir les chambres. Voici le salon. | Νὰ σᾶς δείξω τὰ δωμάτια. Ἰδοὺ ἡ αἴθουσα.

Il n'est pas très-grand, mais il peut faire mon affaire. | Δὲν εἶναι πολλὰ μεγάλη, ἀλλὰ εἰμπορεῖ νὰ μὲ χρησιμεύσῃ.

Vous voyez qu'il y a tout ce qu'il faut, et que les meubles en sont très-propres. | Βλέπετε ὅτι ἔχει ὅλα τὰ ἀναγκαῖα, καὶ ὅτι τὰ ἔπιπλα εἶναι πολὺ καλά.

Tous les meubles sont en acajou. | Ὅλα τὰ ἔπιπλα εἶναι ἀπὸ μαόνι.

Voici deux fauteuils, six chaises, un tapis neuf, une belle glace, et des rideaux très-propres. | Ἰδοὺ δύω θρονία (πολυθρόναις), ἓξ καθῆκλαι, εἷς εὔμορφος καθρέπτης καὶ παραπετάσματα εὐπρεπῆ.

De plus, il y a des armoires aux deux côtés de la cheminée. | Πρὸς τούτοις εἶναι καὶ ἁρμάρια (ντουλάπια) εἰς τὰ πλάγια τῆς ἑστίας (καμίνου).

Oui. Il y a tout ce qui est nécessaire. | Μάλιστα· εἶναι ὅλα τὰ ἀναγκαῖα.

———

DIALOGUE XXIX.

AVEC UN MÉDECIN.

Monsieur, j'ai pris la liberté de vous envoyer chercher.

Je crains d'avoir besoin de votre assistance.

Comment vous trouvez-vous en ce moment ?

Je ne sais. Je me trouve tout je ne sais comment.

J'ai la tête tout étourdie, et j'ai de la peine à me tenir sur mes jambes.

Je ne suis pas bien du tout.

Je me sens bien malade.

Je suis d'une faiblesse étonnante.

Depuis quand êtes-vous malade?   [mencé?

Comment cela a-t-il com-

Διάλογος κθ'.

ΜΕΤΑ ΙΑΤΡΟΥ.

Ἔλαβα, Κύριε, τὸ θάρρος καὶ ἔστειλα νὰ σᾶς κράξω.

Φοβοῦμαι ὅτι ἔχω ἀνάγκην τῆς βοηθείας σας.

Πῶς εὑρίσκεσθε ταύτην τὴν στιγμήν;

Δὲν ἠξεύρω. Εἶμαι δὲν ἠξεύρω πῶς.

Ἔχω ζαλισμένην τὴν κεφαλὴν καὶ δυσκολεύομαι νὰ σταθῶ εἰς τοὺς πόδας.

Δὲν εἶμαι διόλου καλά.

Αἰσθάνομαι τὸν ἑαυτόν μου λίαν ἀσθενῆ.

Ἔχω μεγίστην ἀδυναμίαν.

Ἀπὸ πότε εἶσθε ἄρρωστος;

Πῶς ἦτον ἡ ἀρχή;

Cela me prit avant-hier par un frisson.	Προχθὲς μὲ ἐν ῥῖγος.
Ensuite j'ai transpiré beaucoup, et j'ai toujours été mal depuis.	Ἔπειτα ἵδρωσα πολὺ, καὶ ἀπὸ τότε εἶμαι ὅλον κακά.
Avez-vous senti des maux de cœur?	Ἠσθάνθητε ναυτίασιν (ἀναγούλαν);
Oui, dans le premier instant, mais cela s'est dissipé, et il m'est resté un mal de tête épouvantable.	Ναὶ, τὴν πρώτην στιγμήν· ἀλλ' ὕστερον παρῆλθε τοῦτο καὶ μοὶ ἔμεινε σφοδρὰ κεφαλαλγία.

DIALOGUE XXX.

VOYAGE EN CHEMIN DE FER.

Διάλογος λ΄.

ΤΑΞΕΙΔΙΟΝ ΕΠΙ ΤΟΥ ΣΙΔΗΡΟΔΡΟΜΟΥ.

Avez-vous fait tous vos préparatifs de départ?	Προετοιμάσθητε κατὰ πάντα διὰ τὴν ἀναχώρησιν;
Tout est prêt.	Τὰ πάντα εἶναι ἕτοιμα.
Faites venir un commissionnaire pour porter mes effets.	Ἂς ἔλθη εἷς βαστάζος διὰ νὰ μετακομίση τὰ πράγματά μου.

Je prendrai l'omnibus du chemin de fer.	Θὰ λάβω θέσιν εἰς τὸ παντοφορεῖον τοῦ σιδηροδρόμου.
Portez ces effets au bureau de l'omnibus.	Κουβαλήσατε ταῦτα τὰ πράγματα εἰς τὸ γραφεῖον τοῦ παντοφορείου.
Quand partez-vous ?	Πότε ἀναχωρεῖτε ;
Nous partons dans cinq minutes, Monsieur.	Μετὰ πέντε λεπτὰ, Κύριε, ἀναχωροῦμεν.
Montez en voiture, s'il vous plaît.	Ἀναβῆτε, παρακαλῶ, εἰς τὰς ἁμάξας.
Il me semble qu'il est bien tard.	Μοὶ φαίνεται ὅτι εἶναι πολὺ ἀργά.
Dans combien serions-nous à l'embarcadère ?	Εἰς πόσην ὥραν θὰ εἴμεθα εἰς τὸν σταθμὸν τῆς ἐμβιβάσεως ;
Nous y serons dans un quart d'heure.	Θὰ εἴμεθα ἐκεῖ εἰς ἓν τέταρτον τῆς ὥρας.
J'ai peur que vous n'arriviez trop tard pour le convoi de huit heures.	Φοβοῦμαι, μήπως φθάσετε ἀργὰ διὰ τὴν συνοδίαν τὴν ἀναχωροῦσαν κατὰ τὰς ὀκτώ.
Rassurez-vous, Monsieur,	Μὴ ἔχετε ἔννοιαν, Κύριε. Ἡμεῖς

nous ne sommes jamais en retard.	δὲν ἀργοῦμεν ποτέ.
Nous voici à la gare du chemin de fer.	Ἰδοὺ ἤλθαμεν εἰς τὸν σταθμόν.
Le convoi partira dans cinq minutes.	Αἱ ἅμαξαι ἀναχωροῦν ἐντὸς πέντε λεπτῶν.
Prenez vite votre bulletin.	Πάρετε ὀγλήγορα τὸ γραμμάτιόν σας.
Quelle place prenez-vous ?	Τί θέσιν λαμβάνετε ;
Je prendrai une place de première classe.	Θὰ λάβω θέσιν πρώτης τάξεως.
J'irai dans une voiture de deuxième classe.	Ἐγὼ θὰ ὑπάγω εἰς ἅμαξαν δευτέρας τάξεως.
Quels effets avez-vous, Monsieur ?	Τί πράγματα ἔχετε, Κύριε ;
J'ai deux malles, un sac de nuit et un carton à chapeau.	Ἔχω δύο κιβώτια, ἕνα σάκχον ὁδοιπορικὸν (τῆς νυκτὸς) καὶ μίαν θήκην πίλου (καπέλλου).
Ayez bien soin du carton à chapeau.	Ἐπιμελεῖσθε τῆς θήκης τοῦ καπέλλου.

DIALOGUE XXXI.

L'EMBARQUEMENT.

Διάλογος λα΄.

Η ΕΠΙΒΙΒΑΣΙΣ.

Quand partez-vous pour la France ?

Πότε ἀναχωρεῖτε διὰ τὴν Γαλλίαν;

Je partirai dans deux jours.

Θὰ ἀναχωρήσω μετὰ δύω ἡμέρας.

Où vous embarquerez-vous ?

Ποῦ θὰ ἐπιβιβασθῆτε;

J'ai l'intention de prendre le bateau à vapeur du pont de Londres.

Ἔχω σκοπὸν κὰ ἔμβω εἰς τὸ ἀτμόπλουν τὸ παρὰ τὴν γέφυραν τοῦ Λονδίνου.

Avez-vous votre passeport ?

Ἔχετε τὸ διαβατήριόν σας;

J'ai été le chercher ce matin.

Ὑπῆγα νὰ τὸ ζητήσω σήμερον πρωΐ.

Je vous conseille d'aller arrêter votre place immédiatement.

Σᾶς συμβουλεύω νὰ ὑπάγητε νὰ πιάσητε ἀμέσως τὴν θέσιν σας.

Si vous tardez plus longtemps, vous ne trouverez peut-être pas de case.

Ἂν ἀργήσητε πλειότερον, δὲν θὰ εὕρετε ἴσως πλέον κιτωνίσκων.

Prenez-vous une première ou une seconde place ?

Θὰ λάβετε πρώτην ἢ δευτέραν θέσιν;

Quels sont les prix des places?	Ποῖαι εἶναι αἱ τιμαὶ τῶν θέσεων;
Les premières sont de vingt-six francs et les secondes de dix-sept.	Αἱ πρῶται ἔχουν εἰκοσιὲξ φράγκα, καὶ αἱ δεύτεραι δεκαεπτά.
Les premières sont d'une guinée et les secondes de dix-sept schellings.	Αἱ πρῶται ἔχουν μίαν γυινέαν, καὶ αἱ δεύτεραι δεκαεπτὰ σελίνια.
Prenons les premières places.	Ἂς λάβωμεν πρώτας θέσεις.
A quelle heure le bateau part-il?	Τί ὥραν κινῖ τὸ ἀτμόπλουν;
Il part à quatre heures de l'après-midi.	Κινᾷ εἰς τὰς τέσσαρας μετὰ μεσημβρίαν.
Où sont vos effets?	Ποῦ εἶναι τὰ πράγματά σας;
Je les ai déjà envoyés au port.	Τὰ ἔστειλα εἰς τὸν λιμένα.
Vous avez très-bien fait.	Ἐκάμετε πολὺ καλά.
Avez-vous été à bord pour arrêter votre case?	Ἀνέβητε εἰς τὸ πλοῖον διὰ νὰ πιάσητε τὸν κοιτωνίσκον σας.
J'en ai une excellente.	Ἔχω ἕνα πολλὰ καλόν.

C'est bien. Maintenant vous pouvez faire la traversée en dormant.

Καλῶς· τώρα δύνασθε νὰ κάμητε τὸν διάπλουν κοιμώμενος.

J'aime toujours à passer la nuit sur mer, car j'y gagne une journée.

Ἀγαπῶ πάντοτε νὰ διάγω (κάμνω) τὴν νύκτα εἰς τὴν θάλασσαν, διότι οὕτω κερδίζω μίαν ἡμέραν.

Combien vous faut-il de temps en général pour faire la traversée ?

Πόσον καιρὸν χρειάζεσθε συνήθως διὰ τὸν διάπλουν ;

Nous mettons ordinairement de douze à quatorze heures pour aller du pont de Londres à Boulogne.

Κάμνομεν συνήθως δώδεκα ἕως δεκατέσσαρας ὥρας ἀπὸ τῆς γεφύρας τοῦ Λονδίνου μέχρι Βονωνίας.

Ne perdez pas de temps, le bateau partira dans une demi-heure.

Μὴ χάνετε καιρόν· τὸ πλοῖον ἀναχωρεῖ ἐντὸς ἡμισείας ὥρας (εἰς μισὴν ὥραν).

DIALOGUE XXXII.	Διάλογος λϛ'.
LE DÉBARQUEMENT.	**Η ΑΠΟΒΙΒΑΣΙΣ.**

Dieu merci, nous voici arrivés sains et saufs.	Δόξα τῷ Θεῷ, ἰδοὺ ἐφθάσαμεν ὑγιεῖς καὶ σῶοι.
Quelle heure est-il ?	Τί ὥρα εἶναι ;
Il est huit heures.	Εἶναι ὀκτώ.
Nous avons mis seize heures à faire la traversée.	Ἐκάμαμεν δεκαὲξ ὥρας εἰς τὸν διάπλουν.
Nous ne pouvons pas entrer au port.	Δὲν δυνάμεθα νὰ ἔμβωμεν εἰς τὸν λιμένα.
La marée est basse.	Ἡ παλίρροιὰ εἶναι ταπεινή.
Messieurs, vous serez obligés de débarquer en chaloupe.	Κύριοι, ἀνάγκη νὰ ἀποβιβασθῆτε διὰ λέμβου.
Le bateau ne pourra entrer au port que dans deux heures.	Τὸ πλοῖον δὲν θὰ δυνηθῇ νὰ ἐμβῇ εἰς τὸν λιμένα εἰμὴ μετὰ δύω ὥρας.
Voici les douaniers.	Ἰδοὺ οἱ τελῶναι.
Messieurs, veuillez me remettre vos passeports.	Κύριοι, δότε μοι παρακαλῶ τὰ διαβατήριά σας.
Venez à la douane.	Ἔλθετε εἰς τὸ τελωνεῖον.

Vos effets seront visités dans trois heures.	Τὰ πράγματά σας θὰ τὰ ἰδοῦν ἐντὸς τριῶν ὡρῶν.
Ce délai est fort désagréable.	Αὕτη ἡ ἀναβολὴ εἶναι λίαν δυσάρεστος.
Ne me rendrez-vous pas mon passeport ?	Δὲν θὰ μοὶ δώσετε ὀπίσω τὸ διαβατήριόν μου ;
On vous le rendra à Paris, à la préfecture de police.	Θέλει σᾶς ἀποδοθῇ ἐν Παρισίοις ἐν τῇ διευθύνσει τῆς ἀστυνομίας.
On vous délivrera ici une passe provisoire qui doit être visée par le consul d'Angleterre.	Ἐδῶ θέλει σᾶς δοθῇ ἐν προσωρινὸν διαβατήριον, τὸ ὁποῖον πρέπει νὰ θεωρηθῇ παρὰ τοῦ προξένου τῆς Ἀγγλίας.
Tout cela est fort désagreable et fait perdre beaucoup de temps.	Ταῦτα πάντα εἶναι λίαν δυσάρεστα καὶ μᾶς χασομεροῦν πολύ.
Il est temps d'aller chercher nos effets à la douane.	Εἶναι καιρὸς νὰ ὑπάγωμεν εἰς τὸ τελωνεῖον πρὸς ζήτησιν τῶν πραγμάτων μας.
Voulez-vous visiter cette	Ἐξετάσατε παρακαλῶ εὐθὺς

malle tout de suite, s'il vous plaît? ... [abîmer.

..τοῦτο τὸ μπαοῦλον (κιβώτιον). · [ποτε.

Prenez bien garde de ne rien

Προσέξατε μὴ χαλάσετε τί-

Maintenant, dites-moi, connaissez-vous un bon hôtel?

Εἰπέτε μοι τώρα, γνωρίζετε κἀνὲν καλὸν ξενοδοχεῖον;

Pouvez-vous m'indiquer un bon hôtel?

Εἰμπορεῖτε νὰ μοὶ συστήσητε κἀνὲν καλὸν ξενοδοχεῖον;

Dites-moi, je vous prie, quel est le meilleur hôtel?

Εἰπέτε μοι παρακαλῶ ποῖον εἶναι τὸ καλλίτερον ξενοδοχεῖον;

Il y en a plusieurs excellents.

Εἶναι πολλὰ καλά.

Faites-moi le plaisir de m'indiquer le meilleur. ...

Κάμετέ μοι τὴν χάριν νὰ μὲ εἰπῆτε τὸ καλλίτερον.

Vous pouvez aller à l'hôtel d'Angleterre en toute sûreté. ...

Δύνασθε νὰ ὑπάγητε ἐν πάσῃ ἀσφαλείᾳ εἰς τὸ ξενοδοχεῖον τῆς Ἀγγλίας. ·

Vous y serez très-bien. ...

Καλὰ θὰ εἶσθε ἐκεῖ.

Dans quelle rue est-ce?.

Εἰς ποίαν ὁδὸν εἶναι;

De quel côté est-ce? ...

Εἰς ποῖον μέρος εἶναι;

Si vous le désirez, je vais vous y conduire. ·

Ἂν ἐπιθυμῆτε σᾶς ὁδηγῶ ἐκεῖσε.

12

IDIOTISMES ET EXPRES-SIONS FAMILIÈRES.	ΙΔΙΩΤΙΣΜΟΙ ΚΑΙ ΣΥΝΕΙ-ΘΙΣΜΕΝΑΙ ΦΡΑΣΕΙΣ.
Il ne sait ni A, ni B.	Δὲν γνωρίζει τὸ ἄλφα, εἶναι ἀναλφάβητος.
Cela ne vaut pas la tête d'une épingle.	Δὲν ἀξίζει ἕνα ψιλάσπρον.
En un clin d'œil.	Εν ῥοπῇ ὀφθαλμοῦ.
Mettre à feu et à sang.	Κατερημόνω, θύω καὶ ἀπολλύω.
C'est une poule mouillée.	Εἶναι ὡς ἡ βρεγμένη ὄρνιθα.
Dormir à la belle étoile.	Κοιμοῦμαι εἰς ἀνοικτὸν οὐρανόν.
Suer sang et eau.	Ἰδρόνω αἷμα.
C'est un vieux renard.	Εἶναι ἀλωποῦ.
Faire la sourde oreille.	Κάμνω τὸν κωφόν.
Il a le cœur sur les lèvres.	Ἔχει τὴν καρδίαν εἰς τὰ χείλη.
Mordre à l'hameçon.	Πιάνομαι εἰς τὰ δίκτυα.
Il a mordu la poussière.	Ἔμεινεν εἰς τὸν τόπον.
Il nage dans la joie.	Εἶναι ὅλος χαρά.
Il est dans une bonne veine.	Εὑρῆκε τὸ νερόν του.

Il a pris un grand vol.	Ἐπέταξεν ὑψηλά.
Manger à ventre déboutonné.	Τρώγει μὲ τέσσαρα στόματα, τρώγει ὡς ὁ λύκος.
C'est son bras droit.	Εἶναι τὸ δεξιόν του χέρι.
Brouiller les cartes.	Ἐμπερδεύω τὰ πράγματα.
Avoir carte blanche.	Ἔχω κάθε ἐξουσίαν, ἔχω τὸ δεσμεῖν καὶ τὸ λύειν.
Rire au nez de quelqu'un.	Γελῶ ἐμπρός του, γελῶ κατὰ πρόσωπον.
Mener quelqu'un par le nez.	Τὸν βαστῶ ἀπὸ τὴν μήτην.
Au cœur de l'hiver.	Εἰς τὴν καρδιὰν τοῦ χειμῶνος.
Avoir des affaires par-dessus la tête.	Ἡ δουλειὰ μὲ πνίγει.
Prendre l'air du feu.	Νὰ ζεσταθῶμεν ὀλίγον.
Payer tant par tête.	Πληρόνω τόσα τὸ κεφάλι.
Avoir un pied de nez.	Καταιβασμένα τάχει, τὰ τσίκνισε. Τοῦ τάννοιωσαν.
Il a bon nez.	Ὅλα τὰ μυρίζεται.
C'est un écervelé.	Εἶναι ξεμυαλισμένος.
Perdre la tête.	Χάνω τὰ μυαλά, χάνω τὸ κεφάλι.

En tête-à-tête.	Καταμόνας.
Il ne fait que d'arriver.	Ὀλίγη ὥρα εἶναι ἀφοῦ ἦλθεν (ἔφθασε), ὅτι ἦλθε.
Graisser la patte.	Φιλοδωρῶ, φράζω τὰ ὀμμάτιά του.
Se creuser le cerveau.	Σπῶ τὴν κεφαλήν μου.
Il a de la tête.	Εἶναι καλὸν κεφάλι.
Faire un coup de sa tête.	Κάμνω τοῦ κεφαλιοῦ μου.
C'est tiré par les cheveux.	Ὡς νὰ τὸν σύρῃς ἀπὸ τὰ μαλλιά.
Il tire le diable par la queue.	Κάμνει κάθε τρόπον.
Attendre de pied ferme.	Προσμένω χωρὶς νὰ κινηθῶ ἀπὸ τὸν τόπον μου.
Prendre quelqu'un au pied levé.	Τὸν ἔπιασαν εἰς τὴν ὥραν.
Cette femme porte la culotte.	Εἶναι μία ἀνδρογυναῖκα.
Rire à gorge déployée.	Κακανογελῶ, σκῶ ἀπὸ τὰ γέλια.
A corps perdu.	Μὲ σφαλιστὰ ὀμμάτια, ὡσὰν τὸν τυφλόν.

Il ne fera pas de vieux os.	Δὲν θὰ παλαιοκοκκαλιάσῃ.
Tomber des nues.	Μένω ἐκστατικός.
Éventer la mine.	Εὑρίσκω τὴν φλέϐαν, ξεσκεπάζω τὴν ὑπόθεσιν.
Sauter aux nues.	Πηδῶ ἀπὸ τὸν θυμόν.
Faire des châteaux en Espagne.	Κτίζω πόλεις εἰς τὸν ἀέρα.
Il ne voit goutte.	Δὲν ἐξεύρει τί τοῦ γίνεται.
C'est là où gît le lièvre.	Τοῦτο εἶναι τὸ δαιμόνιον, αὐτοῦ εἶν' ὁ κόμπος.
Faire un trou à la lune.	Κάμνω τρύπαν εἰς τὸν οὐρανόν.
Vouloir prendre la lune avec les dents.	Θέλω νὰ πίω τὴν θάλασσαν.
Jeter de la poudre aux yeux.	Ἔχω (βαστῶ) τὸ μέλι εἰς τὴν γλῶσσαν.
Jeter feu et flamme.	Ἀσπεθοϐολᾷ.
Il branle dans le manche.	Εἶναι εἰς τὰ στουπιά, εὑρίσκεται εἰς ἀχρεῖαν θέσιν.
Être collé le long du mur.	Στέκει κολλημένος εἰς τὸν τοῖχον.
Gober les mouches.	Χάσκω.

Faire la mine.	Τὰ ἔχω καταιβασμένα, στρα-βομουριάζω.
Écrire une lettre à cheval.	Τὸν ἔγραψε μίαν γραφὴν, καὶ τοῦ τὰ πασάλειψε (τοῦ τὰ ἔτριψε) καλά.
Faire le chien couchant.	Κάμνει τὸν κόλακα, κάμνει τὸν ἅγιον κακομοίρην.
Prendre la mouche.	Τὸ πέρνω εἰς τὴν μήτην, μὲ πιάνει ἡ μύγια.
Monter sur ses grands chevaux.	Παροργίζομαι, θυμόνω μὲ τὰ σωστά μου.
Prendre la clef des champs.	Ξεκόπτω.
Être sur un bon pied.	Εἶμαι εἰς καλὴν κατάστασιν.
Percer de part en part.	Διαπερῶ, περνῶ πέρα ἀντί-περα.
Passer au fil de l'épée.	Περνῶ εἰς τὸ σπαθί, περνῶ ἀπὸ τὸ στόμα τοῦ σπαθιοῦ.
Vivre au jour le jour.	Ἡμεροκάματον ἡμεροφάγω-τον.
Au bout du compte.	Τέλος πάντων, τὸ κάτω κάτω.
Aller à tâtons.	Ὑπάγω πασπατευτά.

Tourner autour du pot.	Τὰ φέρνει γύρου.
Il payera les pots cassés.	Θὰ πληρώσῃ τὰ κέρδη καὶ τὰ διάφορα, ὅλα θὰ σπάσουν εἰς τὸ κεφάλι του.
Tirer sa poudre aux moineaux.	Τραβᾷ (ῥίχνει) εἰς τὸν ἀέρα.
Avoir quelqu'un dans sa manche.	Τὸν ἔχει ὅποτε θέλει, τὸν ἔχει εἰς τὴν διάκρισίν του, τὸν ἔχει εἰς τὴν τσέπην του.
Il y a quelque anguille sous roche.	Κἄτι τι εἶναι εἰς τὴν μέσην.
Serrer les pouces à quelqu'un.	Βάλλω τὰ δύο του ποδάρια εἰς ἕνα παπούτσι.
Payer de belles paroles.	Πληρόνω μὲ τὰ λόγια.
Il ne desserre pas les dents.	Δὲν ἀνοίγει τὸ στόμα.
Il mange comme un ogre.	Τρώγει ὡς ὁ λύκος.
De temps en temps.	Ἀπὸ καιρὸν εἰς καιρόν, πότε καὶ πότε.
Aller vite en besogne.	Δὲν χάνει τὸν καιρὸν (τὴν ὥραν του).
C'est un pays de cocagne.	Εἶναι ἡ γῆ τῆς ἐπαγγελίας.

De tout temps.	Εἰς κάθε καιρόν.
Employer le vert et le sec.	Κάμνω κάθε τρόπον, δὲν ῥίπτω τίποτε.
Il est toujours à mes trousses.	Εἶναι πάντα μέσα εἰς τὰ ποδάριά μου, δὲν μ' ἀφίνει νὰ κουνήσω ποδάρι, μ' ἀκολουθεῖ ὡς ἡ σκιά μου.
C'est là le diable.	Τοῦτο εἶναι τὸ δαιμόνιον.
Mettre la puce à l'oreille à quelqu'un.	Βάλλω τὴν μύγια εἰς τὸ αὐτί του.
Il fait le monsieur.	Κάμνει τὸ ἀρχοντάκι, κάμνει τὸν τσελεπῆν.
C'est une bonne pâte d'homme.	Εἶναι πολλὰ καλὸς ἄνθρωπος.
Couper le sifflet à quelqu'un.	Φράζω τὸ στόμα του.
Il vaut son pesant d'or.	Ἀξίζει ὅσον βαρεῖ.
Cela vaut bien la peine.	Ἀξίζει τὸν κόπον.
L'eau lui en vient à la bouche.	Τὸ νερὸν τοῦ ἔρχεται εἰς τὸ στόμα, τὰ σάλιά του καταιβαίνουν (ἔρχονται).

Il s'accommode au temps.	Συμμορφόνεται μὲ τὸν καιρόν.
Nous voici dans de beaux draps.	Τὴν ἐπάθαμεν ὁλοστρόγγυλην.
Il en parle bien à son aise.	Ὁμιλεῖ μὲ εὐκολίαν.
Au pis aller.	Τὸ χειρότερον, τὸ πολὺ πολύ.
Il y va de ma vie.	Κινδυνεύει ἡ ζωή μου.
Vous me faites monter la moutarde au nez.	Μὲ κάμνεις νὰ θυμόνω.
Je ne puis vous passer celle-ci.	Δὲν ἐμπορῶ νὰ σοῦ τὸ συγχωρέσω.
Tout va à merveille.	Ὅλα ὑπάγουν παλλὰ καλά.
Il me regarde de mauvais œil.	Μὲ βλέπει μὲ στραβὸν ὀμμάτι, μὲ στραβοκυττάζει.
Il a donné du nez en terre.	Ἔπεσε προύμητα.
Tout ou rien.	Ὅλα ἢ τίποτε.
Cela n'est pas de son crû.	Τοῦτο δὲν εἶναι τῆς δυνάμεώς του.
Il criait à toute tête.	Εὔγαλε τὸν λαιμόν (τὴν γλῶσσαν) του νὰ φωνάζῃ.
Qu'importe ?	Τί μᾶς μέλλει; τί κάμνει; τί πειράζει;

Il n'a ni sou ni maille.	Παραδάκι δὲν ἔχει ἡ τσέπη του.
Vous en serez la dupe.	Θὰ σὲ γελάσει.
Il sort de sa sphère.	Εὐγαίνει ἀπὸ τὰ νερά του, εὐγαίνει ἀπὸ τὰ ὅριά του.
A propos.	Εἰς τὴν ὥραν.
Malheur à vous!	Μαύρη (κακὴ) ὥρα νὰ σ' εὕρῃ! δυστυχία σου!
Plût à Dieu!	Εἴθε! ἄμποτε!
Sans délai.	Χωρὶς ἀναβολὴν καιροῦ.
Sens devant derrière.	Ἐμπρὸς καὶ ὀπίσω.
A haute voix.	Ἀψά.
Sa bile s'est allumée.	Ἐξῆψεν ὁ θυμός του, ἐπῆρε φωτιάν.
Il s'est transporté de colère.	Ἐξῆψεν ἀπὸ τὸν θυμόν του.
Il est ruiné de fond en comble.	Τὰ ἔχασεν ὅλα, τάκαμε γυαλιὰ καρφιά, εἶναι παντέρημος, ἔμεινεν ἰῶτα μοναχή.
Peu et bon.	Ὀλίγα καὶ καλά.
Il m'a rabattu dix francs du compte.	Μοῦ ἐξέπεσε (μοῦ ἐκαταίβασε) δέκα φράγκα ἀπὸ τὸν λογαριασμόν.

Il ne bouge pas.	Δὲν μαρμάζει, δὲν σαλεύει.
Se pâmer de rire.	Ὀλιγόνομαι ἀπὸ τὰ γέλοια.
Tout à fait.	Ὀλότελα, παντάπασι.
Parler sans façon, sans déguisement.	Λαλῶ (ὁμιλῶ) ὀρθά, κοπτά.
Il est tout d'une pièce.	Εἶναι ὀρθοκαταίβατος.
Prendre congé.	Ἀποχαιρετῶ.
Je suis tombé malade.	Μὲ ἠκολούθησεν ἀῤῥωστία.
Il n'a pas un grain de bon sens.	Δὲν ἔχει κ̓ούκκὶ γνῶσιν.
Le temps traîne en longueur.	Ὁ καιρὸς λαμβάνει (ὑπάγει εἰς) μάκρος.
Assouvir sa fureur.	Χορταίνω τὸν θυμόν μου, ἐκβάλλω τὸν θυμόν μου.
Disputer sur la pointe d'une aiguille.	Φιλονεικῶ περὶ ὄνου σκιᾶς.
Abonder en son sens.	Εἶμαι προσηλωμένος εἰς τὴν ἰδέαν του.
Il est sot à vingt-quatre carats.	Εἶναι θεότρελος.
Le temps est chargé.	Ὁ καιρὸς εἶναι διὰ βροχήν.

En tout cas.	Ὅ,τι καὶ ἂν ὑμβῇ (ἀκολυ- θήσῃ).
Il fait la sourde oreille.	Κάμνει τὸν κουφόν, κάμνει τὸν ἔξω νοῦν.
De temps en temps.	Κάπου κάπου, πότε καὶ πότε.
Je suis tout moulu du voyage.	Εἶμαι κατασκοτωμένος ἀπὸ τὸ ταξίδι.
Il me conte des sornettes.	Μοῦ κόπτει λάφια.
Je cargue les voiles.	Μαζόνω τὰ πανιά.

PROVERBES. — ΠΑΡΟΙΜΙΑΙ.

Chien qui aboie ne mord pas.	Σκύλος ὁποῦ γαυγίζει δὲν δαγκάνει.
Qui trop embrasse mal étreint.	Πολυτεχνίτης κ' ἔρημος, ἢ παπᾶς ἢ ζευγᾶς.
Il ne faut pas vendre la peau de l'ours avant de l'avoir tué.	Ἀκόμη δὲν τὸν ἴδαμεν καὶ γιάννη τὸν ἐκβάλαμεν, πουλῶ σου ψάρια στὸν γιαλόν.
N'éveillez pas le chat qui dort.	Ἡ ὄρνιθα σκαλίζουσα ἔκβαλε τὸ μάτι της, ὅσον ἀνακατώνεις τὰ πηλὰ βρωμοῦν.

Les petits ruisseaux font les grandes rivières.	Τὰ μικρὰ ποταμάκια κάμνουν τοὺς μεγάλους ποταμούς.
Il ne faut pas chasser deux lièvres à la fois.	Ὅστις κυνηγᾷ δύω λαγοὺς, δὲν πιάνει κανένα.
Qui se sent morveux se mouche.	Ὅστις ἔχει τὴν μυῖαν, ξεμυιά-ζεται.
On prend plus de mouches avec une cuillerée de miel qu'avec une tonne de vinaigre.	Περισσότερον ψωμὶ τρώγεις μὲ τὸ μέλι, παρὰ μὲ τὸ ξίδι.
	[σου.
Qui ne dit mot consent.	Ἡ σιωπή μου πρὸς ἀπόκρισίν
Prendre le temps comme il vient.	Παίρνει τὸν καιρὸν καθὼς ἔρχεται.
Qui compte sans son hôte compte deux fois.	Ἄβουλος νοῦς διπλοῦς ὁ κόπος.
Personne n'est prophète dans son pays.	Οὐδεὶς προφήτης δεκτὸς ἐν τῇ πατρίδι αὐτοῦ.
Mieux vaut un tiens que deux tu l'auras.	Καλήτερα σημερινὸν ψωμὶ, παρ' αὐριανὴ πίττα.
Dans le royaume des aveugles, les borgnes sont rois.	Ἐν τυφλοῖς μονόφθαλμος βασιλεύει.

Tel maître, tel valet.	Κατὰ τὸν αὐθέντην καὶ τὰ κο-πέλια.
Tout ce qui reluit n'est pas d'or.	Ἤκουα τὰ κουδούνια σου, κ' ἔλεγα μάνδρας ἔχεις.
Tout ce qu'il dit n'est pas mot d'évangile.	Δὲν εἶν' οἱ λόγοι του εὐαγγέλια.
En forgeant on devient forgeron.	Τῆς ἐπιμελείας πάντα δοῦλα γίνονται.
Aide-toi, Dieu t'aidera.	Βοηθοῦ, καὶ βοηθήσω σε.
Gardez une poire pour la soif.	Φύλαττε κάτι τὶ διὰ τὸν κακὸν καιρόν.
Ventre affamé n'a point d'oreilles.	Ἡ κοιλία δὲν ἔχει αὐτία.
A l'œuvre on connaît l'artisan.	Ἀπὸ τὸ ἔργον γνωρίζεται ὁ τεχνίτης.
Les loups ne se mangent pas.	Κόρακας κοράκου μάτι δὲν ἐκβάλλει.
N'éveillez pas le chat qui dort.	Ἄφησε τὸν σκύλον νὰ κοιμᾶται.
A bon chat bon rat.	Χόνει ὁ ἥλιος τοῦ πάγους μέραις.

Bon vin n'a pas besoin d'enseigne.	Πόλις ποῦ φαίνεται ὁδηγὸν δὲν θέλει.
Comme on fait son lit on se couche.	Ὅπως στρώσεις θὰ κοιμηθῇς.
Qui se ressemble s'assemble.	Ὅμοιος τὸν ὅμοιον ἀγαπᾷ· ἄν δὲν ὡμοίαζαν, δὲν ἐσυμπε- θέριαζαν.
Fin contre fin n'est pas bon pour doublure.	Ἕνας κλέπτης δύσκολα κλέπτει τὸν ἄλλον.
Qui s'y frotte s'y pique.	Ὅστις μαλάζει πίτυρα, αἱ ὄρνι- θες τὸν τρώγουν.
Dis-moi qui tu vois, je te dirai qui tu es.	Εἰπέ μου μὲ ποῖον σμίγεις, καὶ νὰ σοῦ εἴπω ποῖος εἶσαι.
Bonne renommée vaut mieux que ceinture dorée.	Κάλλιον νὰ εὔγῃ τ' ὀμμάτι σου παρὰ τὸ κακόν σου ὄνομα.
Allumer la chandelle par les deux bouts.	Τὸ κηρὶ καίεται ἀπὸ δύο με- ριαῖς.
Après moi le déluge.	Ὅταν ψοφήσῃ ὁ μαῦρός μου χορτάρι μὴ φυτρώσῃ.

—   —

DU TEMPS.	Ὁ καιρὸς.
Le jour.	Ἡ ἡμέρα.
La pointe du jour.	Τὰ ἐξημερώματα.
L'aurore.	Ἡ αὐγή.
Le lever du soleil.	Ἡ ἀνατολὴ τοῦ ἡλίου.
Le matin.	Τὸ πρωΐ.
Midi.	Τὸ μεσημέρι.
Le coucher du soleil.	Ἡ δύσις τοῦ ἡλίου.
Le soir.	Τὸ ἑσπέρας.
La nuit.	Ἡ νύξ.
Minuit.	Τὰ μεσάνυκτα, τὸ μεσονύκτιον.
Un jour de fête.	Ἡ ἑορτή.
Jour ouvrable.	Ἡ καθημερινή.
Aujourd'hui.	Σήμερον.
Hier.	Χθὲς.
Demain.	Αὔριον.
Après-demain.	Μεθαύριον.
Une heure.	Μία ὥρα.
Une demi-heure.	Ἡμίσεια ὥρα.
Un quart d'heure.	Ἓν τέταρτον τῆς ὥρας.
Une minute.	Ἓν λεπτόν.

Une semaine.	Μία ἑβδομάς.
Un quartier.	Ἕνας μῆνας.
Un trimestre.	Μία τριμηνία.
Un an, une année.	Ἕνας χρόνος, ἐν ἔτος.
L'année bissextile.	Βίσεκτος χρόνος.
Un siècle.	Μία ἑκατονταετηρίς, εἷς αἰών.
Le commencement.	Ἡ ἀρχή.
Le milieu.	Τὸ μέσον.
La fin.	Τὸ τέλος.

—   —

LES JOURS DE LA SEMAINE.	Αἱ ἡμέραι τῆς ἑβδομάδας.
Lundi.	Δευτέρα.
Mardi.	Τρίτη.
Mercredi.	Τετράδη.
Jeudi.	Πέμπτη.
Vendredi.	Παρασκευή.
Samedi.	Σάββατον.
Dimanche.	Κυριακή.

—   —

LES MOIS.	Οἱ μῆνες.
Janvier.	Ἰανουάριος.

Février.	Φεβρουάριος.
Mars.	Μάρτιος.
Avril.	Απρίλιος.
Mai.	Μάϊος.
Juin.	Ἰούνιος.
Juillet.	Ἰούλιος.
Août.	Αὔγουστος.
Septembre.	Σεπτέμβριος.
Octobre.	Ὀκτώβριος.
Novembre.	Νοέμβριος.
Décembre.	Δεκέμβριος.

———

LES SAISONS.	Οἱ καιροὶ τοῦ ἐνιαυτοῦ.
Le printemps.	Ἡ ἄνοιξις.
L'été.	Τὸ καλοκαῖρι, τὸ θέρος.
L'automne.	Τὸ φθινόπωρον.
L'hiver.	Ὁ χειμών.

———

DES NOMS DE NOMBRES.	Ἀπόλυτα ἀριθμητικά.
Un, une.	Ἕνας (εἷς), μία, ἕν.
Deux.	Δύο.

Trois.	Τρεῖς, οὐδ. τρία.
Quatre.	Τέσσαρες, οὐδ. τέσσαρα.
Cinq.	Πέντε.
Six.	Ἕξ.
Sept.	Ἑπτά.
Huit.	Ὀκτώ.
Neuf.	Ἐννέα.
Dix.	Δέκα.
Onze.	Ἕνδεκα.
Douze.	Δώδεκα.
Treize.	Δεκατρεῖς, οὐδ. δεκατρία.
Quatorze.	Δεκατέσσαρες, οὐδ. δεκατέσ- [σαρα.
Quinze.	Δεκαπέντε.
Seize.	Δεκαέξ.
Dix-sept.	Δεκαεπτά.
Dix-huit.	Δεκαοκτώ.
Dix-neuf.	Δεκαεννέα.
Vingt.	Εἴκοσι.
Trente.	Τριάντα.
Quarante.	Σαράντα.
Cinquante.	Πενῆντα.

Soixante.	Ἑξῆντα.
Soixante-dix.	Ἑϐδομῆντα.
Quatre-vingts.	Ὀγδοῆντα.
Quatre-vingt-dix.	Ἐννενῆντα.
Cent.	Ἑκατόν.
Cinq cents.	Πεντακόσιοι, οὐδ. πεντακόσια.
Mille.	Χίλιοι, οὐδ. χίλια.
Un million.	Ἓν ἑκατομύριον.

ENGLISH COINS.

DENOMINATIONS.	English value.	France.	United States.
Gold.		fr. c.	d. c.
Guinea..	21 shill.	26 48	4 66,2
Sovereign, pound.	20 shill.	25 22	4 44
Half-pound. . . .	10 shill	12 61	2 22
Silver.			
Crown.	5 shill.	6 30	1 11
Half-crown. . . .	2 1/2 sh.	3 15	0 55,5
Shilling	12 pen.	1 26	0 22,2
Six-pence.	—	0 63	0 11,1
Copper.			
Two-pence	—	21	03,7
Penny.	—	10,5	01,8
Half-penny	—	05,2	00,9
Farthing..	1/4 pen.	02,6	00,4

COINS OF THE UNITED STATES.

DENOMINATIONS.	Americ. value.	France.	Great Britain.
Gold.		fr. c.	l. s. d.
Eagle	10 doll.	55 21	2 3 9,3
Half-eagle.	5 doll.	27 60	1 1 10,7
Quart. of an eag'e .	2,5 dol	13 80	0 10 11,3
Silver.			
Dollar.	10 dime.	5 42	4 3,6
Dime..	10 cent.	0 51,2	0 5,1
Cent.	—	0 05,4	0 0,5

MONETE DEL REGNO LOMBARDO-VENETO E DELLA TOSCANA.

REGNO LOMBARDO-VENETO.

DENOMINAZIONI.	Valuta lomb.-ven.		Francia.	
	l.	c.	fr.	c.
Oro.				
Zecchino doppio . .	27	20	23	78
Zecchino semplice .	13	60	11	89
Sovrana . . .	40	00	34	98
Mezza sovrana . .	20	00	17	49
Argento.				
Tallero austriaco . .	6	00	5	10,2
Fiorino . . .	3	00	2	55,1
Mezzo fiorino . .	1	50	1	27,5
Quarto di fiorino .		75		63,7
Lira (p. di 20 car.) .		100		85
Mezza lira . . .		50		42,5
Quarto di lira . .		25		21,2
Crocione, scudo delle cor.	6	60	5	61,7
Mezzo crocione . .	3	30	2	80,8
Quarto di crocione .	1	65	1	40,4
Scudo . . .	6	00	5	10,2
Mezzo scudo . . .	3	00	2	55,1
Rame. { Carantano .		05		04,25
{ Soldo . .		05		04,25

TOSCANA.

DENOMINAZIONI.	Valuta toscana.			Francia.	
	l.	s.	d.	fr.	c.
Oro.					
Ruspone di 3 zecch.	40	0	0	33	60
Zecchino gigliato .	13	6	8	11	20
Mezzo zecchino . .	6	13	4	5	60
Argento.					
Francescone, Leopoldino.	6	13	4	5	60
Mezzo francescone.	3	6	8	2	80
Talaro . . .	6	0	0	5	04
Testone . . .	2	0	0	1	68
Lira corrente . .		20	0	0	84
Mezza lira . .		10	0	0	42
Quarto di lira . .		5	0	0	21
Doppia crazia . .		3	4	0	14
Crazia semplice . .		1	8	0	07
Mezza crazia . .		0	40	0	03,5
Rame.					
Soldo . . .			12		04,2
Quattrino . .			4		01,4
Denaro . . .			1		00,35
Picciolo . .			1		00,35

MONETE DEGLI STATI PONTIFICALI E DEL REGNO DI NAPOLI.

STATI PONTIFICALI.

DENOMINAZIONI.	Valuta romana. s. p. b. q.	Francia. fr. c.
Oro.		
Pistola doppia di Pio VI e Pio VII . .	3 2 4 3	17 27,5
Mezza doppia..	1 6 2 1	8 63,7
Zecchino di Clemente XIV..	2 2 1 4	11 80
Mezzo zecchino..	1 1 0 4	5 90
Pistola doppia di 1835..	10 0 0 0	53 84
Mezza doppia..	5 0 0 0	26 92
Argento.		
Scudo, dopo 1753..	10 0 0	5 38,4
Mezzo scudo..	5 0 0	2 69,2
Testone..	3 0 0	1 61,5
Papetto..	2 0 0	1 07,7
Paolo..	1 0 0	0 53,8
Rame.		
Baiocco..	5	0 05,3
Quattrino..	0.	0 01

REGNO DI NAPOLI.

DENOMINAZIONI.	Valuta napoletana.	Francia. fr. c.
Oro.		
Pistola..	6 du.	27 46
Pistola..	4	18 30
Pistola..	2	9 15
Oncia di Sicilia..	3	13 73
Doppia..	6	27 46
Doppia..	3	12 99
Doppia..	18	72 38
Doppia..	30	129 90
Argento.		
Piastra..	12 carl.	5 10.
Ducato..	10	4 26
Pezzo di 6 carlini..	6	2 55,6
Tari..	2	0 85,2
Carlino..	10 gran.	0 42,6
Pubblica..	18 cav.	0 06,3
Grano..	12	0 04,2
Tornesc..	6	0 02,1
Cavallo ..	—	0 00.3

MONETE DEL REGNO DI NAPOLI.

DENOMINAZIONI	Val.	Franc.		Gr.-Bret.			R.l.-ven.		Toscana			Roma				Prussia			Espag.	
		fr.	c.	l.	s.	d.	l.	c.	l.	t.	d.	s.	p.	b.	q.	s.	sgr.	rf	r.	c.
Oro.																				
Pistola	6 duc	27	46	1	1	9,3	32	30	32	13	3,3	5	0	5	0,4	6	26	0,42	54	5,4
Pistola	4	18	30		14	6,1	21	53,4	24	15	6,2	3	3	6	3,6	4	17	4,28	36	3,6
Pistola	2	9	15		7	3.	10	76,7	10	17	9,1	1	6	6	1,8	2	8	8,14	18	1,8
Oncia di Sicilia	3	13	73		10	10,6	16	45	16	6	7,6	2	5	2	2,7	3	13	0,21	27	2,7
Doppia	6	27	46	1	1	9,3	32	30	32	13	3,2	5	0	5	0,4	6	26	0,42	54	5,4
Oncia di Napoli	3	12	99		10	3,6	15	28,4	15	9	2,0	2	3	9	0	3	6	9,6	25	11,5
Oncia	25	108	25	4	5	10,1	127	34,5	128	14	8,8	19	9	1	4,5	28	18	5,7	244	5,3
Oncia	30	129	90	5	3	0,4	152	84,4	155	19	1,5	24	1	2	4	34	14	2,10	257	3,2
Argento.																				
Piastra	12 car	5	10		4	0,5	5	99,9	6	1	4,5		9	4	0,0	1	11	2,46	10	1,5
Ducato	10	4	26		3	4,5	5	01,4	5	1	4,5		7	8	1,9	1	4	4,07	8	6,9
Pezzo di 6 carl.	6	2	55,6		2	0,3	3	00,6	3	0	8,2		4	7	0,0		20	7,23	5	0,7
Polacca	5	2	13,0		1	8,2	2	50,5	2	10	8,2		3	9	0,6		17	2,03	4	2,4
Tarino	2	0	85,2		0	8,4	1	00,2	1	0	3,3		1	5	3,3		6	10,41	1	10,9
Carlino	10 gr.	0	42,6		0	4		50,4		10	1,6			7	4,1		3	5,20		12,4
Pubblica	16 cav	0	06,3		0	0,6		07,4		1	9,9			4	0,9			5,88		4,9
Grano	12	0	04,2		0	0,4		04,9			10,9				3,9			3,92		1,3
Tornese	6	0	02,1		0	0,2		02,4			5,9				1,9			1,96		0,6
Cavallo	—	0	00,3			—		00,5			0,9				0,3			0,19		0,1

ENGLISH WEIGHTS.

DENOMINATIONS.	Engl. value.	France.
Avoir-du-poids.		
Ton.	20 h.	1015,949 kil.
Hundredweight.	4 q.	50,797
Quarter.	2 s.	12,699
Stone	14 p.	6,349
Pound.	16 o.	453,546 gr.
Ounce.	16 d.	28,346
Dram.	30 g.	1,771
Grain	—	0,059
(Woollen.)		
Last.	12 s.	1981,172 kil.
Sack.	2 w.	165,091
Wey.	6 1/2 t.	82.545
Tod.	2 s.	12,699
Stone.	2 c.	6,349
Clove.	7 p.	3,172
Troy.		
Pound	12 o.	373,206 gr.
Ounce.	20 p.	31,1
Pennyweight.	24 g.	1,555
Grain.	—	0,064
(Pharmacy.)		
Pound	12 o.	373,206 gr.
Ounce.	8 d.	31,1
Dram.	60 g.	3,887

PESI DEL REGNO DI SARDEGNA, DELLA TOSCANA, DEGLI STATI PON-TIFICALI, DEL REGNO LOMBARDO-VENETO E DI NAPOLI.

SARDEGNA, TOSCANA, STATI PONTIFICALI.

	DENOMINAZIONI.	Valuta sard. tosc. e rom.	Francia.
	Peso grosso.		
Regno di Sardegna.	Cantaro.	6 rubbi.	52,3335
	Rubbo.	25 libbre.	8,72235
	Libbra.	12 oncie.	348,86 gr.
	Oncia.	—	29,07
	Peso sottile.		
	Libbra.	12 oncie.	317,47 gr.
	Oncia.	24 denari.	26,43
	Denaro.	24 grani.	1,10
	Grano.	—	0,04
Toscana.	Libbra	12 oncie.	330,572 gr.
	Oncia	24 denari.	28,297
	Denaro	24 grani.	1,179
	Grano.	—	0,049
Stati pontif.	Decina.	10 libbre.	5,3907 k
	Libbra.	12 oncie.	39,07 gr.
	Oncia.	24 denari.	28,25
	Denaro.	—	1,17

REGNI LOMBARDO-VENETO E DI NAPOLI.

	DENOMINAZIONI.	Valuta lomb ven. e napol.	Francia.
	Pesi nuovi.		
Regno lombardo-veneto.	Centinaio.	10 rubbi.	1 quint.mét.
	Rubbo.	10 libbre.	1 myriagr.
	Libbra.	10 oncie.	1 ki'ogr.
	Oncia.	10 grossi.	1 hectog.
	Grosso.	10 denari.	1 décagr.
	Denaro.	10 grani.	1 gramme.
	Grano.	—	1 décigr.
	Pesi antichi.		
	P. grosso. { Libbra	28 oncie.	762,51 gr.
	Oncia.	—	27,44
	P. sottile. { Libbra.	12 oncie.	326,79 gr.
	Oncia.	—	27,23
Regno di Napoli.	Cantaro.	100 rotoli	89,105 kil
	Rotolo.	—	891,05 gr.
	Libbra.	12 oncie.	320,75
	Oncia.	30 trapezi.	26,73
	Trapeso.	—	0,89

ENGLISH MEASURES.

DENOMINATIONS.	English value	France.
Length.		*Mètres.*
Mile.	8 fur.	1609,15
Furlong.	40 po.	201,14
Pole, rod.	5 1/2 y.	5,028
Fathom.	6 f.	1,828
Yard.	3 f.	0,914
Foot.	12 i.	0,304
Inch.	12 l.	0,025
Line.	—	0,002
Land-m.		*Ares.*
Acre.	4 ro.	40,458
Rood.	40 s. p.	10,114
Squ. pole.	121 s. y.	0,252
Capacity.		*Litres.*
Chaldron.	12 sa.	1308,007
Sack.	3 bu.	109,005
Load.	2 we.	2906,846
Wey, tun	5 qu.	1453,408
Quarter.	8 bu.	290,684
Bushel.	8 ga.	36,335
Gallon.	2 bo.	4,544
Bottle.	2 qu.	2,271
Quart.	2 pi.	1,135
Pint.	4 gills.	0,567

MISURE DEGLI STATI PONTIFICALI E DEL REGNO DI NAPOLI.

STATI PONTIFICALI.

	DENOMINAZIONI.	Valuta romana.	Francia.
Lunghezza	Mila	—	1489,4 mèt.
	Canna . . .	—	2,001
	Piede . . .	—	0,297
	Palmo . . .	—	0,223
Grani	Rubbio . .	4 quarte.	294,46 lit
	Quarta . .	4 scorzi.	73,61
	Scozzo . .	2 quartucci	18,40
	Quartuccio .	—	9,20
Vino	Botte . . .	16 barili.	943,44 lit
	Barile . .	32 boccali.	58,34
	Boccale . .	4 foglietta.	1,82
	Foglietta .	4 quartucce	0,45
	Quartuccia .	—	0,11
Olio	Barile . .	28 boccali.	57,48
	Boccale . .	4 foglietta.	2,05
	Foglietta .	4 quartucce	0,51
	Quartuccia .	—	0,13
Capacità	Soma . . .	80 boccali.	164,23
	Boccale . .	20 cognatelle	2,05
	Cognatella	—	0,10

REGNO DI NAPOLI.

	DENOMINAZIONI.	Valuta napoletana.	Francia.
Lungh.	Mila . . .	—	1926 mèt.
	Canna . .	8 palmi.	2,109
	Palmo . .	12 oncie.	9,263
	Oncia . .	—	0,022
Campi	Mog o q .	900 passi q.	35,48 ar.
	Passo q.	—	0,04
Capacita. Grani	Carro . .	36 tomoli.	1988,28 lit
	Tomolo .	—	55,23
Vino	Carro . .	2 botte.	1000,08 lit
	Botte . .	12 barili.	500,04
	Barile . .	60 caraffe.	44,67
	Caraffa .	—	0,69
Olio	Salma . .	16 stai.	158,6 lit.
	Staio . .	16 quarti.	9,91
	Quarto . .	6 misur.	0,649
	Misuretta	—	0,103
	Salma . .	40 stai.	158,6 lit.
	Staio . .	32 pignate.	15,8
	Pignata .	—	0,49

ΝΟΜΙΣΜΑΤΑ · ΕΛΛΗΝΙΚΑ.

MONNAIES DE LA GRÈCE.

Χάλκινα (CUIVRE).

Μονόλεπτον ou ἕν λεπτὸν = 1 centime.

Δίλεπτον ou δύο λεπτὰ, et vulg. δυάρα, = 2 centimes.

Πεντάλεπτον, et vulg. πεντάρα, = 1 sou ou 5 cent. de la drachme.

Δεκάλεπτον, et vulg. δεκάρα, = 10 cent. de la drachme, ou 2 sous.

Ἀργυρᾶ (ARGENT).

Τέταρτον δραχμῆς ou 25 λεπτὰ, et vulg. εἰκοσιπεντάριον, = 25 cent. de la dr.

Ἡμίσεια δραχμὴ ou 50 λεπτά = demi-drachme ou 50 cent.

Δραχμή = drachme ou 100 cent.

Nota. La drachme vaut 1 fr. moins 6 à 8 cent.

Πεντάδραχμον ou πέντε δραχμαί = 5 drachmes ou pièce de cent sous grecs.

Χρυσᾶ (OR).

Εἰκοσάδραχμον ou ὀθώνιον = 20 drachmes.

Τεσσαρακοντάδραχμον ou διπλοῦν ὀθώνιον = 40 dr.

MESURE DE LONGUEUR.

1 pique vaut 65 centimètres de France; il se divise en roupes. Il faut 8 roupes pour faire 1 pique.

Μέτρον μήκους.

1 πῆχυς ἀντιστοιχῶν πρὸς 25 ἑκατοστομέτροις γαλλικοῖς, ὑποδιαιρούμενος εἰς ῥούπια · 8 ῥούπια κάμνουσιν ἕνα πῆχυν.

MESURE DE PESANTEUR.	Μέτρον βάρους.
1 ocque se divise en 400 drachmes.	1 ὀκκὰ διαιρεῖται εἰς 400 δράμια.
1/2 ocque = 200 dr.	1/2 ὀκκὰ = 200 δρ.
44 ocques font 1 cantar.	44 ὀκκάδες ἀποτελοῦσιν ἕν καντάριον.

1 kilo, mesure pour mesurer le blé, et qui pèse 21-22 ocques.

1 χοιλὸν, μέτρον πρὸς καταμέτρησιν τοῦ σίτου, ἰσοδυναμοῦν 21-22 ὀκκάδας.

1 mille se divise en 3807 1/10 brasses.

1 μίλλιον διαιρεῖται εἰς 3807 1/10 ὀργυιὰς.

1 brasse a 6 pieds.	1 ὀργυιὰ εἰς 6 πόδας.
1 pied a 12 doigts.	1 ποῦς εἰς 12 δακτύλους.

FIN.

Librairie orientale et européenne

DE MAISONNEUVE ET Cie,

quai Voltaire, 15.

LIVRES DE FONDS.

DICTIONNAIRE ARABE-FRAN-
ÇAIS, contenant toutes les raci-
nes, leurs dérivés dans les idiomes
vulgaire et littéral, dialectes d'Alger et de Maroc, par KAZIMIRSKI ;
gr. in-8, 2 vol. Prix de chaque
livraison. 1 f. 60.

DICTIONNAIRE FRANÇAIS-
ARABE des dialectes vulgaires
africains d'Alger, de Tunis, de
Maroc et d'Egypte, par MARCEL ;
in-8 (sous presse). 12 f.

ENIS EL-DJELIS, ou Histoire de
la Belle Persane, conte des Mille
et une Nuits, texte arabe avec
trad. franç. et notes, par A. de
B. KAZIMIRSKI. Paris, in-8. 2 f. 10.

FABLES DE LOCKMAN en arabe
et en franç., avec la pron. fig.
et la trad. franç. mot à mot et
interlinéaire, par HÉLOT. Paris,
in-8. 2 f. 50.

GRAMMAIRE ARABE VUL-
GAIRE pour les dialectes
d'Orient et de Barbarie, par
CAUSSIN DE PERCEVAL ; in-8. Paris, 1858, 4e éd. 8 f.

GRAMMAIRE FRANÇAISE a
l'usage des Arabes de l'Algérie,
de Tunis, de Maroc, de l'Egypte
et de la Syrie, par G. DUGAT et
FARÈS ECHCHIDIAK. Paris, I. I.,
1854, in-8. 5 f.

CARTE D'EUROPE rédigée en
langue turque, 1 feuille. 1 f. 50.

CONTES TURCS en turc, extraits
des Quarante vizirs, par BELLE-
TÈTR, in-4. 7 f.

DICTIONNAIRE FRANÇAIS-
TURC, par N. MALLOUF, 2e édi-
tion, augmentée de moitié, avec
la prononciation figurée. Paris,
1856, in-12 de 912 pages. 15 f.

GRAMMAIRE THÉORIQUE et
PRATIQUE DE LA LANGUE
TURQUE, par HINDOGLOU. Pa-
ris, 1834, gr. in-8. 6 f.

GUIDE DE LA CONVERSATION
français-turc, avec la prononciation figurée, par A. TIMONI ;
1 vol. obl., 1854. 4 f.

— FRANÇAIS — GREC MO-
DERNE, divisé en 4 parties.
1o Alphabet, traité de prononci-
ciation, vocabulaire et exercices
sur les verbes. 2o Dialogues.
3o Phraséologie. 4o Idiotismes,
proverbes, voc. géog., tableau
des monnaies, poids et mesures.
Paris, 1858, 1 vol. in-18. (Sous
presse.)

— ANGLAIS-GREC MODERNE,
Paris, 1858. 1 vol. in-18. (Sous
presse.)

— TURC—GREC MODERNE.
Paris, 1858, in-18. (Sous presse.)

GUIDE ANGLAIS-TURC. Paris,
1858, in-18. (Sous presse.)

GRAMMAIRE FRANÇAISE en
grec moderne par LETELLIER,
augmentée par THÉOCHARO-
POULOS. Paris, in-8. 4 f.

BIBLIA HEBRAICA ex recens.
Aug. HAHNII expressa, præfatus
est Rosenmüller. Lipsiæ, 1856,
in-12. 8 f.

LEXICON HEBRAICUM ET
CHALDAICUM, edidit LEOPOLD.

Lipsiæ, 1851, in-32. 3 f.

GRAMMATICA HEBRAICA, auctore Edwardo SLAUGHTER, curante BANCÈS, in Academ. Parisiensi linguæ hebraïcæ professore. N. B. Post literarum descript. voca. punctorum, subjicitur lectionis exercitatio quæ in romana editione abest. Paris, 1856, in-8. 4 f.

PROVERBES DE SALOMON, traduction philologique, par S. FRANCK in-18, avec des citations en hébreu. Paris, 1855. 1 f. 50.

HAMONIERE. Grammaire française à l'usage des Russes. Paris, in-8. 4 f.

REIFF. Grammaire française-russe, avec des tableaux synoptiques pour les déclinaisons et les conjugaisons, des thèmes ou exercices gradués pour l'application des différentes règles de la grammaire, le corrigé de ces exercices et l'accentuation de tous les mots russes. Paris, 1857, in-8. 5 f.

— ENGLISH RUSSIAN GRAMMAR, with synop. tables for the declensions and conjugations graduated themes or exercices for the application of the grammatical rules, the correct construction, of these exercices and the accentuation of all the Russian words. Paris, 1857, in-8. 6 f.

DICTIONNAIRE JAPONAIS-FRANÇAIS ANGLAIS, par L. LÉON DE ROSNY. Paris, 1857; chaque livraison in-4. 6 f.

INTRODUCTION A L'ETUDE DE LA LANGUE JAPONAISE, par L. LÉON DE ROSNY, in-4. Planches. 20 f.

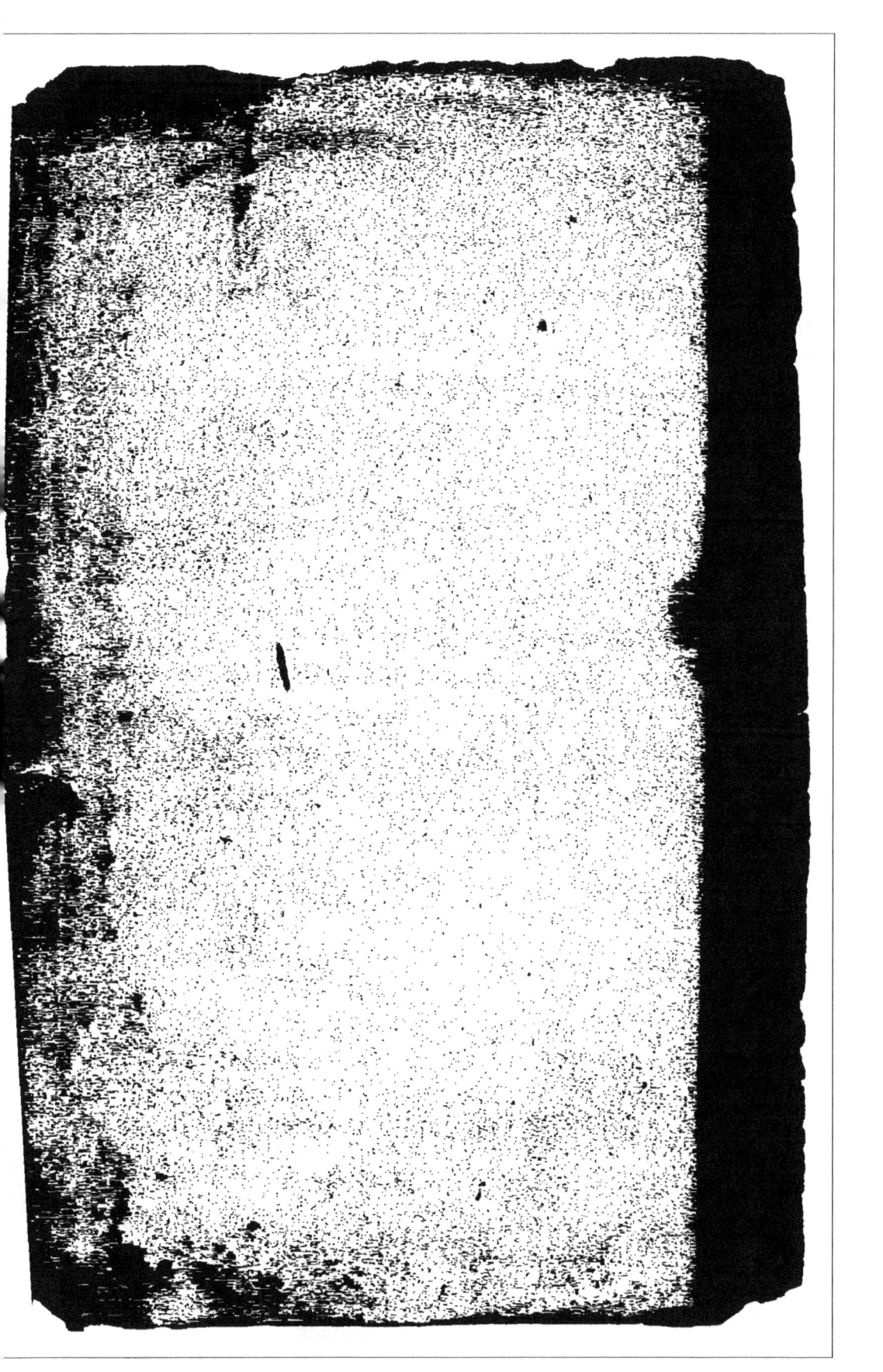

ΝΕΟΣ ΟΔΗΓΟΣ

τῆς Συναναστροφῆς

ΕΙΣ ΓΑΛΛΙΚΗΝ ΚΑΙ ΝΕΟΕΛΛΗΝΙΚΗΝ ΔΙΑΛ.

πρὸς χρῆσιν

τῶν Περιηγητῶν καὶ τῶν Σπουδαζόντων

περιέχων

Πραγματείαν περὶ προφορᾶς, Ὀνομαστικὸν τῶν συνη...
ἐφηρμοσμένων εἰς τὰς συζυγίας τῶν ῥημάτων,
Διαλόγους περὶ διαφόρων ὑποθέσεων, οἷον περὶ σιδη...
περὶ ἀτμοπλοίων, κτλ.,
Συλλογὴν οἰκιακῶν φράσεων, ἰδιωτισμῶν, καὶ παρ...
καὶ πίνακα τῶν νομισμάτων, σταθμῶν καὶ μέτρ...

παρὰ

Α. Μ. Π. ΛΛΑΣΣΟΥ ΤΟΥ ΑΙΓΙΝΗΟΥ

μέλους τοῦ γαλλικοῦ Πανεπιστημίου
καὶ τῆς ἐν Παρισίοις Ἀσιατικῆς ἑταιρίας.

———

ΕΝ ΠΑΡΙΣΙΟΙΣ,

παρὰ

ΜΑΙΣΟΝΝΕΥΗ ΚΑΙ ΣΙΝΤΡ., ΒΙΒΛΙΟΠΩΛΑΙΣ ΚΑΙ ΕΚΔΟ...

συγγραμμάτων εἰς ἀνατολικὰς καὶ ἄλλας ξένας γλώσσ...
συντεταγμένων, quai Voltaire, 15.

———

1859